유죄
VS
무죄

유죄 vs 무죄

법정에 선 법관들

곽동진 지음

모아북스
MOABOOKS

세상이 어지러울 때 우리는 결국 무엇에 기대는가?

법은 건강하고 선량한 시민이 굳게 믿고 삶을 이어가게 해주는 최후의 보루가 되어야 한다. 우리의 법이, 마지막까지 신뢰할 수 있는 공정성과 보편성을 이만큼 확보하기까지 우리는 힘겹고 암울한 시기를 묵묵히 버티며 통과해왔다. 그 길옆의 풍경이 어떠했으며 앞으로 우리가 법을 어떻게 바라보고 어떻게 가꾸어가야 할 것인지, 이 책은 가볍지 않은 질문을 던지고 있다. 법에 관심이 있는 사람이라면 누구에게든 일독을 권한다.

- 김정길 49, 53대 법무부장관

'모든 사람은 법 앞에 평등하다'라고 말을 하지만, 지금 한국 사회에서 그 말을 믿는 사람은 별로 없어 보인다. 이 책에서 저자가 말하는 비판의식을 철저히 가져야 함을 느꼈다. 법이 국민을 지켜주고 시시비비를 명백하게 가려주는 수단이자 보호막이 되기를 바란다.

- 김영민 언론인

법에 얽힌 부조리와 불합리를 이 책에서는 하나하나 들추어 내고 있다. 부끄럽지만, 그것들을 낱낱이 드러난 뒤에야 우리 사회의 진정한 발전이 있을 것이다.

- **강해인** 『권력의 거짓말』 저자

법과 정치를 둘러싼 이야기, 권력과 법의 관계, 입법과 법 집 행, 규정과 현실과의 괴리 등을 이 책은 날카롭게 찌르며 비판 을 가하고 있다. 최근 대한민국에서 일어난 굵직한 사건들을 정 면으로 다루고 있어 한층 심화된 통찰을 얻을 수 있다.

- **문명순** (전)KB국민은행금융소비자보호 조사역

법이 완벽하기를 바라고 재판을 통하여 진실을 밝히기 위해 애쓰는 이들이 많지만, 공정하고 정의로운 세상을 만들자는 목 표는 그리 호락호락하지 않은 것 같다. 이 책은 그런 모습들을 여러 각도에서 보여준다. 법을 다루는 사람뿐만 아니라 모든 시 민이 읽어보아야 할 책이다.

- **정진철** 서울 송파구 시의원, 세무사

법을 완벽하게 믿을 수 있는지 의문이 많은 시대에 우리는 살 고 있다. 법은 정당해야 하고 투명해야 한다. 법의 집행과 실행 이 어떠했는지, 그리고 앞으로 어떠해야 하는지 깊이 고민하게 하는 우리 주변의 이야기가 담겨 있다. 뉴스에서 들은 얘기지만 진지하게 생각해볼 수 있다.

- **최보기** 북칼럼니스트

■ 판결에 대한 당신의 생각은?

판사에게 맡기면 된다.

정답은 정해져 있다.

국민에게 권력은 없다.

결정 방식은 정해진 방식대로 이루어진다.

자유는 방임이다.

권리는 없다.

적이 누구인지 알고 있다.

돈 없고 힘없으면 지게 되어 있다.

이 책에서는 위 견해 모두에 관한 또 다른 관점을 제시하고,

정치 · 사회 · 법적으로 생각한다는 것은 어떤 것인지 밝혀보고자 한다.

이 책은 누구를 위한 것인가

정의가 뭔지 말해주고 싶다

우리는 갑질 횡포가 만연하고 수많은 '을' 들이 약자로 살아가며 억울함을 당하는 사회에서 살고 있다. 사람 아래 사람 없고, 사람 위에 사람 없는 법이다. 누구는 쉽게 벗어나고 누구는 기댈 곳조차 없어 전전긍긍해야 하는 불공정한 현실에 기가 막힌다. 어쩌면 젊은 세대가 좌절하는 이유는 소득과 분배의 불평등도 있겠지만, 경쟁에 있어서 불공정하다는 인식이 팽배하고 현실에서도 그렇다는 것을 절실히 느끼기 때문이 아닐까.

자고로 기회는 평등하고, 과정은 공정하고, 결과는 정의롭게 해야 한다고 도덕 시간에서부터 배워왔지만, 현실은 녹록지 않다. 많은 이들이 "정의의 이름으로 용서하지 않겠다"라고 외치며 정의롭고 공정한 사회로 만들어가야 한다고 말한다. 가난은

참아도 불공평한 것은 못 참는 게 사람이다.

그렇다면, 정의란 대체 무엇일까?

정의의 사전적 의미는 '어떤 말이나 사물의 뜻을 명백히 밝혀 규정하는 것'으로 '진리에 맞는 올바른 도리'를 말한다. 법이 추구하는 궁극적 이념으로서의 정의는 이성적 존재인 인간이 언제 어디서나 추구하고자 하는 바르고 곧은 것을 뜻한다. 정의는 개인과 사회가 추구하는 최고의 가치로, 개인에게는 행동하는 데 지표가 되고 사회에서는 지배하는 데 원리가 된다.

플라톤은 "정의란 각자 자기가 할 일을 다 하고 타인을 방해하거나 간섭하지 않는 것이다"라고 말했고, 셰익스피어는 "정의를 아끼면 불법이 자란다"라고 말했다. 정의에 관한 철학자와 선인들의 말은 어렵다. 사람 사는 사회에서 사회 정의를 어떻게 정의할 수 있을까?

사람은 모여 사회를 이루고 산다. 사회 구성원이 자신이 속한 사회에 소속감, 애정, 충성심을 갖지 않으면 사회는 붕괴된다. 그래서 사람들은 사회가 붕괴되지 않도록 애정을 갖도록 모두에게 이익이 되고, 보편적으로 인정될 수 있는 어떤 기준을 만든다. 그것이 추상성을 배제한 사회 정의다. 이것을 기준으로 법과 제도를 만들고 사회 구성원의 활동정치, 경제, 사회, 문화 등이 이루어지도록 한다. 사회 정의가 사회에서 구현되는 방법이다.

사회 정의란 사회가 지속 발전하기 위해 필요한 의무와 지속 발전 과정에서 발생한 과실을 공정하게 분배하는 것이다. 의무는 병역, 세금 등과 같은 것이고, 과실은 경제적 성장 과실, 공적 지위 등이다. 분배는 사회 구성원에게 모두 같은 기준으로 적용되도록 법과 제도로 확립하여 시행한다. 결국 사회 정의는 사회 구성원이 합의하여 만든 법과 제도로 구현된다. 그래서 사회 구성원인 국민이 합의한 헌법 질서를 농단한 박근혜-최순실 국정 농단은 사회 정의를 위반한 것이기에 분노에 정당성을 갖는다. 그래서 '법대로 하자'는 평범한 사람들의 말에는 '정의'를 법에서 실현해주기를 바라는 마음이 깔려 있다.

현대 사회에서 정의를 정의하고자 할 때는 분배, 평등, 합당한 보상, 공정성 등이 중요한 키워드인 것 같다. 또한 정의는 상대적인 개념이기도 하다. 정의는 가치를 추구하는 것이기 때문에 정의는 선善도 될 수 있고 악惡도 될 수 있다. 시대와 사회, 개인에 따라 얼마든지 의미가 달라진다. 정의는 이러한 속성 때문에 언제나 분쟁 속에 있으며, 자기실현을 위해 투쟁에서 승리할 때는 힘이 있어야 했다. 그래서 독재자가 온갖 악행을 자행할 때도 힘이 있기에 정의라는 이름을 내세울 수 있었다. 그러나 강자가 정의라는 도구까지 쓴다면, 결국 약육강식 동물 사회와 다를 바가 없다. 힘없는 약자를 보호하기 위해 국가가 필요하고 정의가 필요한 것이다.

그런데 매일 쏟아져 나오는 사건 기사를 보면 우리 사회에 정의가 존재하는지, 정의를 사회 활동 판단의 기준에서 제외하고 있는 것은 아닌지 의문이 들 때가 있다.

사람은 관계 속에서 살아간다. 가족 관계, 친구 관계, 부부 관계, 사제 관계, 직장 관계, 노사 관계, 법률 관계, 국가와 국민 관계 등 수많은 관계 속에서 살아간다. 관계는 배려와 신뢰를 바탕으로 하는데, 이러한 신뢰 관계가 무너졌을 때 고통을 느끼고 불행해진다. 특히, 국가에 대한 신뢰가 깨지면 결국 국가 경쟁력이 낮아져 민주 사회와 경제 발전이 저해된다.

연이어 쏟아지는 채용 비리, 갑질 행위, 부정부패, 학교 폭력, 성폭력, 사기 범죄, 보이스피싱에서 재판 거래, 블랙리스트 작성, 사법 농단, 국정 농단 등 상상을 초월하는 의혹들로 국가에 대한 국민의 불신은 깊어만 갔다. 이러한 사태는 모두 사람과 사람 관계로 이루어진 사회가 지속 발전하기 위해서는 모두에게 이익이 되거나 피해가 발생하지 않도록 해야 한다는 정의 개념이 희미해졌기 때문에 발생한 일이다.

신뢰도 개인이나 사회에 일방적인 손해를 주지 않을 것이라는 약속, 즉 사회적 정의를 토대로 하기 때문이다. 신뢰와 배려를 다시 충족시키고 관계를 회복시키려면 노력과 용기가 필요하다. 사익을 포기하고, 잘못을 솔직히 인정하고 용서해주고, 불의에 맞서 부당하다고 외치며, 무관심하지 않고 적극적으로 나서려는 노력과 용기가 정의를 실현할 수 있도록 만든다.

정치를 시작하면서 많은 시민을 만나 그들의 이야기를 들으면서 정의가 그들에게 있으며, 꿈꾸던 변화가 시작되고 있음을 느낀다. 불공정함을 스스로 입증하면서 자신의 권리를 찾고, 부당함과 억울함을 이겨내기 위해 함께 손잡고 힘을 모아 일어서는 그들에게 박수를 보낸다.

우리 사회에서 정의는 더불어 함께 잘 사는 사회를 만들 때 나의 행복도 보장된다는 동반자 관계의 회복에서 시작된다. 회복에는 개인의 적극적인 용기가 필요하다. 그리고 국가는 용기를 낸 국민 개개인을 보호할 수 있는 굳건한 체계를 갖춰야 한다. 그래서 이 책은 강자를 위한 책이 아니라 약자를 위한 책이다. 현 상태를 유지하고 싶어하는 사람들을 위한 책이 아니라 변화를 이끌고자 하는 사람들을 위한 책이다. 변화는 좌파나 우파나 어디에서든 시작되어 이끌 수 있다. 승리를 독점하기보다 민주적인 방식으로, 공정하고 정의로운 사회로 바꿔나가길 기대한다.

국정 농단은 왜 일어났는가?

국정 농단 사태를 지켜보며 경악을 금치 못했다. 그리고 대체왜 이 부끄러운 국정 농단 사태가 일어났는지, 한 국가의 시스템이 이렇게 처참하게 무너지기까지 그 책임은 누구에게 있으며, 왜 국민은 꺼지지 않는 촛불을 들었는지 철저히 밝혀내고하나하나 기억해야 한다. 정도의 차이는 있지만, 여야 모두가공범이라면 공범이다. 그리고 이 사태는 현시점에서 갑자기 일어난 일이 아니라, 과거에서부터 쭉 이어져 반복되어온 일이기도 하다. 어느 사회나 그 나름의 특별 계층이나 계급은 존재하기 마련으로 특정 그룹 사람들이 사회적 우위를 차지한다.

혈연, 지연, 학연에 의해 힘 있는 자가 자기 측근들을 사회 곳곳에 밀어넣는 것이 바로 낙하산 식 인사다. 낙하산 인사는 업무 수행 능력이나 자질, 전문성과는 아무런 관계가 없다. 단지 권력을 쥔 사람이 자신의 개인적인 성향과 친분에 맞는 사람을 자질, 능력, 전문성, 인품, 사명감 등과 무관하게 중요한 직책에 임명하는 것이다. 우리 사회 깊은 곳까지 팽배한 낙하산 인사는 뿌리 깊은 폐해이기도 하다.

한 사람에 의해 모든 것이 좌지우지되는 낙하산 인사는 사회의 공정한 룰을 무너뜨려 정의로움을 갉아먹기 시작한다. 각종 비리와 연결되며 발전을 저해하는 원인이 되고, 청탁이라는 문화가 일상이 되면서 국정을 농단하는 초유의 사태가 벌어져 결국 그 피해는 오롯이 국민의 몫이 되고 말았다.

2016년 말에 밝혀진 헌정 사상 초유의 국정 농단 사태이자 사상 최악의 정치 스캔들, 전 세계에 샤머니즘을 이용한 비선 실세로 충격을 주었던 최순실 사건은 결국 대통령 탄핵까지 이르게 하였다. 최순실은 사이비 종교의 교주였던 아버지 최태민 시절부터 비선 실세 의혹이 제기되어 왔다. 박근혜 정부 당시에 최순실은 어떠한 적법한 절차도 거치지 않고 박근혜의 비호 아래 대통령의 의사결정과 국정, 인사 문제 등에 광범위하게 개입하여 사익을 취하고 국정 농단을 일삼았다. 앞으로 편의상 직함이나 호칭을 생략함.

이러한 사태들은 2016년 7월 말 TV조선에서 '미르/K스포츠재단은 전두환의 일해재단처럼 박근혜 대통령의 퇴임 이후를 위한 비자금 조성을 목적으로 만든 것이 아니냐'는 의혹을 제기하며 출발했다. 이 논란은 JTBC의 단독 보도로 태블릿 PC를 입수한 것을 시작으로 물꼬가 터졌다. 태블릿 PC 안에는 박근혜에게 최순실이 연설문을 대신 써줬다는 정황이 있었다. 이로 인해 일반인인 최순실이 비선 실세라는 점이 알려지면서 최순실 일가의 국정 농단을 파헤치기 시작했다.

사실, 이 엄청난 사태는 강아지 한 마리에서 시작되었다고 한다. 최순실은 딸 정유라의 강아지를 고영태에게 잠시 봐달라고 맡겼는데, 고영태에게 골프 약속이 갑자기 생기는 바람에 강아지를 혼자 두고 외출했다. 잠시 후 집에 오니 빈집에 강아지 혼자 방치된 것을 보고 격분한 최순실은 고영태와 심하게 다퉜다. 개보다 못한 취급을 받아 화가 난 고영태는 대통령 옷을 제작하여 공급하는 최순실 의상실에 몰래카메라를 설치해 대통령과 최순실의 특수한 관계를 보여주는 영상을 녹화한 후 이를 언론에 제보했다.

이를 계기로 〈조선일보〉와 〈한겨레신문〉 등 언론의 탐문 취재가 시작되었고, 이 과정에서 JTBC 기자가 우연히 문제의 '최순실 태블릿 PC' 를 확보하게 된다. JTBC 뉴스룸을 통해 이 태블릿 PC 내용이 최초로 폭로되면서 박근혜 정부 몰락의 카운트다운이 시작되었다. 촛불 혁명이 진행될 당시 영국 BBC는 이러한 사태를 '퍼피 게이트' 라고 부르며, '강아지가 권력 0순위' 라고 풍자하기도 했다.

최태민 일가는 1970년대부터 당시 영애였던 박근혜와 인연을 맺어 가족처럼 지내며 각종 전횡을 일삼았다. 또 최순실은 자기 심복인 차은택이나 고영태를 비롯한 다른 일반인까지 멋대로 끌어들였다. 군을 비롯한 각종 정부 인사 문제나 이권 개입 의혹, 편법과 인맥을 이용한 평창군 지역 대규모 부동산 매입, 부정한 수단을 통한 공사 수주, 페이퍼 컴퍼니를 통한 자금 세탁 의혹, 은행 인맥을 이용한 외화 무단 반출, 행정부 산하 기관을 이용한 인사 청탁이나 예산 남용, 미르/K스포츠 재단에 700여억 원을 포함한 금액을 대기업 측에 뇌물로 요구, 그 외 미얀마 ODA 사업에 관여하여 이익을 취득하는 사건까지, 전황의 규모가 가히 상상을 초월했다.

이화여대 입시 비리 사건도 있었다. 최순실은 딸 정유라를 이화여대 체육학과에 입학시켰다. 그런데, 정유라가 수업에 출석하지도 않고 수준 낮은 과제를 제출했는데도 부당하게 우수한 학점을 챙겨가는 것에 대하여 의문을 품은 학생의 대자보로 인해 특혜 논란이 불거지며 박근혜 탄핵의 도화선이 되었다. 이대 총장 사퇴 시위가 이어졌고, 정유라는 대학뿐 아니라 고등학생 때도 특혜를 받았다는 논란이 이어지면서 문고리 3인방, 김기춘, 우병우, 안종범, 김종, 문형표 등 박근혜 최측근들과 청와대, 행정부 실무진 인사들이 자의건 타의건 묵인하고 방조하거나 심지어 협력하면서 공직자의 권한을 부당하게 남용하고 뇌물을 받은 것이 밝혀졌다.

이로 인해 민심은 대통령이 국회에서 발표한 개헌 이슈까지 묻어버릴 정도로 격앙되었다. 그리고 박근혜의 솔직하지 못한 대국민 담화와 같은 국민을 기만하는 듯한 대응과, 2014년에 벌어진 정윤회 비선 실세 논란과도 맞물려 들어가면서 결국 민심은 폭발했고, 대중은 온 나라에서 촛불을 들고 '대통령 하야, 퇴진, 탄핵, 관계자 처벌' 등을 외치기 시작했다.

정치권은 탄핵 정국으로 돌입했다. 2016년 12월 9일 국회에서 박근혜 대통령 탄핵 소추안이 가결되어 대통령 직무가 정지되었다. 그리고 2017년 3월 10일 헌법재판소에서 탄핵 심판에 대해 인용 결정을 내리면서, 박근혜는 헌정 사상 최초로 재임 중 탄핵으로 물러난 대통령이 되었다. 2019년 8월 현재, 박근혜는 항소심에서 징역 25년에 벌금 200억 원을 선고받았고, 최순실은 징역 20년에 벌금 200억 원, 추징금 70억5,281만 원을 선고받아 복역 중이다.

4·19 혁명은 고등학생이 터뜨렸고, 6월 민주화운동은 대학생이 이끌었다. 2016년 11월 촛불 혁명은 남녀노소 온 국민이 참여하는 거국적 시민 혁명이었다. TV조선과 JTBC의 특종 폭로가 방아쇠를 당겼지만, 국민의 적극적인 참여가 없었다면 정권 교체와 같은 상황은 벌어지지 않았을 것이다.

수많은 국민이 꺼지지 않는 촛불을 들고 거리로 나온 것은 단순히 권력형 비리뿐만 아니라 밝혀지는 국정 농단 사태에 대해 분노와 고통이 너무나 컸기 때문이다. 국정원의 선거 개입, 국정 교과서, 한일 위안부 합의로 국민을 속이고 기만했다. 세월호 참사, 사드 배치, 개성 공단 폐쇄로 국민의 안전은 더 이상 보장받을 수 없었다.

국정 농단 사태의 가장 큰 원인은 박근혜 자신이다. 최순실의 국정 농단은 대통령이 얼마나 한심한지를 있는 그대로 적나라하게 보여주었다. 그리고 대통령의 무능함을 숨기고 국민을 속인 권력층, 부정 입학을 허용한 대학, 사태를 은폐하고 축소한 관료들, 정경유착을 한 재벌들 역시 한통속이다.

촛불 시위 기간에는 전 세계 외신이 감탄할 정도로 폭력 사건은 단 한 건도 없었으며, 시민들이 촛불을 밝히고 청와대 앞 100미터까지 행진하며 압박했음에도 평화적으로 시위가 마무리되었다. 연인원 1,700만 명 가까이 모인 '촛불 집회는 시민혁명' 으로 평가받았다.

예전에는 권력자가 잘못을 저지르면 그를 몰아내려고 수많은 사람이 피를 흘렸다. 전쟁에서 죽은 사람들의 수보다 권력 다툼 및 청산 과정에서 죽은 사람들의 수가 더 많을 정도였다. 국민의 주권과 절차가 규정된 후에도 피나는 투쟁의 과정이 있었으며, 민주화를 위한 수많은 사람의 희생과 피가 있었다.

그러나 이제는 평화롭고 합법적인 절차에 따라 물러나게 하고, 잘못을 저지른 만큼 처벌을 받게 하니, 이것은 모두 민주주의 시민 정신과 법치주의의 힘이라고 할 수 있다. 나라를 뒤흔든 혼란 속에서 국민은 이성적으로 극복하고자 하였으며 국민의 힘으로 심판하여 정권 교체를 이루었다는 점에서 우리나라는 민주주의 사회를 향해 한 발 더 도약할 수 있었다.

촛불 시위를 하던 중에 "이게 나라냐?' 라는 구호가 있었는데, 집회가 끝나자 "이게 나라다!"라는 구호가 나왔다. 이는 시민이 민주 시민으로서 사회의 주인이라는 것을 자각했다는 데에서 촛불 집회의 의미를 찾을 수 있다. 지난 탄핵 사태에서 유혈 충돌 없이 평화롭게 대통령을 임기 중에 물러나게 하는 것을 보며 격세지감을 느꼈다. 기득권 세력과 적폐 세력을 청산하고 국민이 주권을 행사하는 나라가 이제 눈앞으로 다가왔다. 그때 그 광장에서 민주와 정의로 타올랐던 열정적이었던 촛불이 계속 타오르고 있다.

"대한민국 헌법 제1조 제2항, 모든 주권은 국민에게 있고 권력은 국민으로부터 나온다."

나는 헌법 중에 이 조항만 들으면 가슴이 울렁거린다. 비록 이 말이 이상처럼 들릴지라도 방향성을 제시한다는 점에서 의미가 있으며, 우리가 추구해야 할 당연한 권리이기 때문이다.

결국 국정 농단도 헌법 정신과 헌법 질서를 준수하지 않았기

때문에 발생한 것이다. 그래서 헌법 1조 2항은 누구도 잊지 말

아야 할 조항이다.

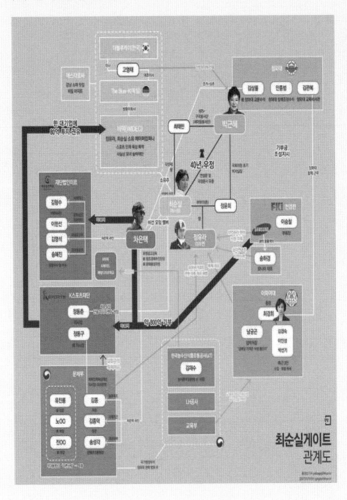

누가 권력을 독점했을까?

박근혜-최순실 게이트, 이명박으로 이어지는 두 전 대통령과 사법 농단 수사로 주목받은 윤석열 검사가 2019년 7월 제43대 검찰총장으로 임명됐다. 윤석열 검찰총장은 문재인 대통령으로부터 정치 검찰에서 탈피하고 청와대, 행정부, 집권 여당을 가리지 말고 살아있는 권력에도 권력형 비리가 있다면 엄정하게 수사할 것을 주문받았다.

다음은 윤석열 검찰총장의 취임사 중 일부를 발췌했다. 검찰의 역사는 윤석열 이전과 이후로 나뉠 것이라는 평을 받느니만큼 검찰총장은 취임사를 통해 과거 검찰 권력이 정치적으로 이용되었고 재벌을 위해 사용되었음을 인정하고, 국민에게 주권이 있으며, 권력과 자본에 휘둘리지 않고 국민을 위해 검찰 권력을 사용하겠다고 선언했다.

"헌법 제1조에 '모든 권력은 국민으로부터 나온다' 라고 규정되어 있습니다. 형사 법집행은 국민으로부터 부여받은 권력이고 가장 강력한 공권력입니다. 국민으로부터 부여받은 권한이므로 오로지 헌법과 법에 따라 국민을 위해서만 쓰여야 하고,

사익이나 특정세력을 위해 쓰여서는 안 됩니다. 검찰에 요구되는 정치적 중립은 법집행 권한이 국민으로부터 나온다는 헌법 정신을 실천할 때 이루어지는 것입니다.

과거 우리나라의 법집행기관은 자유민주주의와 시장경제 질서를 두 축으로 하는 우리 헌법 체제의 수호를, 적대 세력에 대한 방어라는 관점에서만 주로 보아왔습니다. 이제는 자유민주주의와 시장경제질서의 본질을 지키는 데 법집행 역량을 더 집중시켜야 합니다.

국민의 정치적 선택과 정치 활동의 자유가 권력과 자본의 개입에 의해 방해받지 않고, 모든 사람에게 풍요와 희망을 선사해야 할 시장기구가 경제적 강자의 농단에 의해 건강과 활력을 잃지 않도록 하는 것이 우리 헌법 체제의 본질입니다.

우리가 행사하는 형사 법집행 권한은 국민으로부터 부여받은 것으로서, 법집행의 범위와 방식, 지향점 모두 국민을 위하고 보호하는 데 있습니다. 그러기 위해서는 헌법 정신을 가슴에 새기고, 국민의 말씀을 경청하며, 국민의 사정을 살피고, 국민의 생각에 공감하는 '국민과 함께하는' 자세로 법집행에 임해야 합니다.

그런 뜻에서 저는 여러분에게, 경청하고 살피며 공감하는 '국민과 함께하는 검찰이 되자고 강력히 제안합니다. 그리고 저는 '국민과 함께하는' 자세로 힘차게 걸어가는 여러분의 정당한 소신을 끝까지 지켜드릴 것을 약속합니다."

법집행이 공정해야 약자가 살아남는다. 함께 모여사는 공동체로서 사회가 유지된다. 약자를 더 힘들게 하는 갑질의 횡포와 반칙 행위에 피해를 당해야 했던 사람들이 얼마나 많았는가. 법을 집행해야 하는 사람이 정치의 방향에 따라서 움직이면서 권력을 남용하며 부정과 부패가 만연할수록 가장 큰 피해는 힘없는 서민에게 간다. 사회 질서의 공정함에 의심을 갖는 사람이 많은 사회는 필연적으로 혼란에 빠져든다.

인정받을 만한 자질과 역량이 있는 것도 아닌데 권력을 쥐었다는 것만으로 큰 잘못을 저질러도 유유히 법정에서 빠져나가고, 서민은 작은 잘못을 저질러도 빠져나갈 구멍 없이 처벌을 받는 것은 불공정한 처사가 아닐 수 없다. 특히, 재벌이 저지르는 불법과 비행은 규모가 엄청나서 일반인이 큰 피해를 보고 감수해야 한다. 일반인에게 피해를 주는 범법 행위는 반드시 엄격하고 공정한 법집행을 통해 단죄해야 한다. 공정한 법집행만이 사람을 사람답게 살아갈 수 있게 만든다.

'새 법', 사법부는 '생법부', 법무부는 '법유부'의 반대말이라 며 법이 야유를 받았던 때가 있었다. 검찰은 적폐 청산과 검찰 개혁을 완수하여 '헌 법'이 아니라 이제는 달라진 '새 법'과 같 은 '헌법'의 정신을 살려서 법과 제도를 공정하게 운용하여 국 민의 신뢰를 회복해 나가야 한다.

법무부 장관은 매번 법집행을 강요하면서 엄정하고 단호하게 집행하겠다고 하지만, 법대로 하던 그 시절에는 정부를 비판하 는 목소리를 수사하고, 국가기관이 나서서 국민을 감시하고, 직 권을 남용하여 권력과 돈을 취했다. 사실 법과 정치는 서로 떼 려야 뗄 수 없는 관계와도 같다.

법은 공동의 사회에서 옳다고 믿는 가치, 즉 정의가 사람이 인식할 수 있는 실체로서 구체화된 것이다. 정치는 공동의 사 회에서 어떤 가치가 옳고 그른지 발견해내어 공동체 구성원인 사람들에게 공유된 사회적 정의를 입법하고, 행정부는 법으로 나타난 사회적 정의를 집행하는 역할을 담당한다. 그리고 사 법부는 법으로 구현된 사회적 정의가 왜곡되거나 부정의가 나 타날 때, 부정의를 교정하고 해소하는 역할을 해야 한다. 법으 로 많은 것을 해결할 수는 있지만, 모든 것을 해결할 수는 없는 노릇이다.

한때 공직자가 받으면 뇌물, 전직이 받으면 전관예우, 검경이 받으면 관행과 같은 부당거래가 일상화된 시절이 있었다. '국민의 검찰'이나 '민중의 지팡이'가 아니라 '민중의 몽둥이'로 존재했었다. 그러나 이제는 참다운 법치와 법의 시민적 지향을 담아 국민을 위한 법집행을 해야 한다. 정의를 독점하지 말고, 공평하게 정의가 행해질 때 정의가 비로소 정의가 된다. 법은 단순히 특정 이익 집단에 의해 농락되어서는 안 된다.

누가 판결에 책임을 지고 있는가?

재판은 사회적 정의를 실현하는 최후의 수단이다. 많은 이들은 재판에서 진실이 밝혀져 정의가 실현될 것이라고 믿는다. 끝나지 않을 것 같은 분쟁의 끝에서 "법대로 하자"라는 말은 권리 보호의 마지막 희망이 법정에 있을 것이라는 믿음의 표현으로 법치주의 국가에서는 당연한 일이다. 재판대 앞에서는 누구든지 공정하게 판결받기를 바란다. 민주주의 국가에서 법집행은 그렇지 않은 국가에 비해 신뢰도나 공정성이 높은 편이다.

그러나 여기에서 사람들이 오해하곤 한다.

가장 큰 오해는 법대로 해서 판결을 받았을 때, 결론이 명확하게 떨어질 것이라는 점이다. 법조문과 판례는 수없이 많이 존재하고 중요하지만, 실제 사례를 모두 다 해결할 열쇠는 아니다. 판사들도 수많은 사건을 대하며 결론에 도달하기까지 수많은 고민을 거듭하고 법조문을 해석하면서 진실을 찾아 사건에 적용한다.

법원은 목소리를 내기 어려운 사회적 약자를 보호해야 한다. 그렇다고 민주적 절차에 따른 다수결로 제정된 법과 어긋나게 판결하는 것은 옳지 않다. 민주주의 원칙에 의한 근본적인 가치를 옹호하는 것이 법의 임무다. 만약, 법원이 법을 마음대로 해석하고 적용한다면 사법권 남용이 될 것이고, 국민은 아무도 받아들이지 않을 것이다. 법원은 재판에서 국회가 제정한 법을 해석하여 구체적인 사건에 적용하여 합리적인 결론을 내고, 이를 통해 국민의 자유와 권리를 보호한다.

문제는 많은 사건에서 권선징악이라는 결론이 통하지 않는다는 점이다. 한쪽은 정의롭고 한쪽은 불법을 저지른 것 같지만, 여기에서 벗어나 개인의 정당한 권리와 타인의 정당한 권리가 충돌하는 경우도 많다. 개인의 입장에서는 억울하고 피해를 당하지만, 정부와 법률상에서는 어쩔 수 없는 선택의 희생을 강요하는 경우가 발생한다.

한 사람의 권리를 보호하기 위해서는 다른 한 사람의 권리가 제한된다. 그럴 때 법원은 국민의 모든 자유와 권리를 보호하는 데서 그치지 않고, 정당한 자유와 권리를 보호하여 이보다는 정당하지 않은 자유와 권리를 제한하게 된다. 여기에서 판사의 역할은 헌법과 법률에 따라 무엇이 정당한 자유와 권리인지를 밝힌다.

특히, 개운하지 않은 판결로 인해 더욱 많은 노력을 기울여 설득해야 할 때가 있다. 《블루 드레스》의 저자 알비 삭스는 이런 점을 지적하면서 판결문의 내용은 "발견의 논리, 정당화의 논리, 설득의 논리를 거쳐 마음을 울리는 마무리로 끝나야 한다"라고 말했다. 판결에 대해 "일견 명료해 보이는 판결문에 실제로는 엄청난 갈등과 고민, 열정, 그리고 법과 삶이 반영된 것"이라고 말했다.

모든 법원에서 내리는 모든 판결에 해당하는 문제는 아니다. 만약, 그렇다면 판결은 애매모호해지고 신뢰를 잃게 될 것이다. 적어도 헌법재판소와 대법원은 최고의 권위로 법을 해석하고 집행하는 만큼 책임감 있는 판결을 내려야 한다.

솔로몬처럼 멋진 판결을 판사가 뚝딱 내리면 좋겠지만, 현실에서는 지루한 공방과 엄청난 두께의 서류가 존재하고, 단번에 시시비비를 가리기 어려울 만큼 피해자와 가해자가 얽히고 설켜 복잡하다.

좋은 판결은 판사의 사사로운 감정과 개인의 삶을 투영하지 않고, 평균적인 일반인의 삶을 투영해서 판단해야 한다. 모든 사람이 판결을 들었을 때, 대부분 수긍해야 바람직한 판결이라 할 것이다. 대립하는 주장이 있어서 분쟁이 되고, 그 분쟁에는 나름의 근거와 주장이 있다. 재판에서 어려운 점은 대립하는 양측의 주장이 타당하고 일견 동정심이 가더라도 반드시 더 옳은 한쪽의 손을 들어 결론을 내려야 한다는 것이다.

좋은 판결문에는 설득의 3가지 수단이 담겨 있어야 한다. 2300여 년 전에 아리스토텔레스가 《수사학》에서 설득의 수단으로 로고스, 파토스, 에토스를 제시했는데, 현재에도 설득에 있어서 필수적인 조건으로 쓰이고 있다. 에토스는 화자의 성격을 뜻하고, 파토스는 청중의 심리적 경향·욕구·정서 등을 뜻하며, 로고스는 담론의 논증, 논거의 방식을 뜻한다. 즉, 말하는 사람이 신뢰할 만한 사람인지, 이 말을 듣는 청중의 고통에 공감하려는 자세나 태도가 있는지, 말이 되는 논리적인 이야기인지 공감을 얻을 수 있어야 설득된다는 것이다.

판결문은 사건에 해당하는 당사자들에 대한 선언이지만, 앞으로 그런 일에 부닥칠 수 있는 모든 사람에 대한 선언이기도 하다. 그래서 당사자뿐 아니라 일반인이 납득하기에도 합리적인지, 준수할 수 있는 내용인지 마음으로 공감하고 머리로 이해하고 받아들일 수 있어야 한다.

국회보좌관으로 활동하며 정책 담론을 담다

정치를 한다고 하니 가는 데마다 욕먹고 혼나는 게 일이었다. 정부에서 정책을 정하다가 지역에 와서 민심을 들으면 갭이 상당히 크다는 것을 느낀다. 민주주의에서 권력이 국민으로부터 나오는 것처럼 언론에서 권력의 힘은 글로부터 나와 입소문으로 퍼진다. 입소문으로 퍼진 가짜 뉴스에 현혹당한 많은 사람이 '경제를 이렇게 망쳐놓고 무슨 표를 또 달라고 하느냐'고 원망한다. '최저 임금 인상과 소득 주도 성장 때문에 장사가 다 망했고, 인건비 상승으로 내 월급도 제대로 가져가지 못한다'고 하소연이다.

그런데 최저 임금 인상과 함께 시행한 정부의 여러 지원책과 소득주도 성장 원리를 쉽고 자세하게 다시 설명하고 나면 진작 제대로 이야기해줄 것이지, 왜 그리 전달을 못했냐고 다시 혼나곤 한다. 야당과 일부 보수 언론에서 만든 프레임으로 경제에 대한 걱정과 오해가 커진 탓이다. 여기에 재대로 대응하지 못한 부족함도 있음을 인정해야 한다.

'일하기 싫은 자는 먹지도 말라'는 말이 있다. 대한민국 국회의원들은 일하지 않으면서도 세비를 꼬박꼬박 받아가며 온갖 혜택을 변함없이 누리고 있다. 걸핏하면 국회를 거부하고 파행하기를 정치적 무기로 사용한다. 여당과 야당의 입장이 달라 갈등을 빚는 일은 처음부터 있어왔던 일이다. 그러나 국회에서 절차에 따른 결정에 동의할 수 없다며 국회를 박차고 나가거나 버티는 모습은 구시대 정치의 낡은 유물이다. 대다수 국민은 비판할 것이 있으면 국회에 들어가서 하라고 요구한다.

정치의 길에 들어선 지 꽤 됐는데도 내 주변에는 지금도 정치나 법에 관해 문외한이거나 아예 관심이 없거나, 현실을 부정하는 사람들이 많다. 뉴스에 나오는 사건들 대부분은 정치와 연관이 있거나, 법을 잘 모르면 왜 그런 결론이 났는지 이해하기 어려운 이슈들이 많다.

투표권을 행사하기는 하되, 특정 정당에 머무르지 않고 정치인이나 공약을 보고 선택하는 경우도 많아졌다. 그러나 선거 전를 제외하고는 다시 일상으로 돌아가 정치나 법은 그들만의 세상이라고 등 돌리고 만다.

그러다가 어떤 한 계기로 정치나 세상 돌아가는 일에 온 정신을 빼앗길 때가 있는데, 지금이 바로 그때인 것 같다. 평소 생각했던 정치, 법에 관한 이야기를 지인들과 나눌 때면 그 좋은 이야기를 이렇게 말로만 하면 아까우니 책으로 써보라는 권유를 많이 받았다. 공교롭게도 우리나라에서 헌법과 정치에 관해 관심이 가장 높았던 시기에 책을 낼 결심을 하게 되었고 드디어 출간까지 하게 되었다.

사상 최악의 국정 농단에 이어 사법 농단까지 벌어져 민주주의의 근간을 무너뜨리는 일이 발생했다. 우리 사법 역사상 치욕적인 흑역사로 기록될 일들로 국내뿐 아니라 국외까지 연일 인터넷이 뜨거웠다.

이렇게 국가에 중대사가 생길 때마다 법은 정부의 방향성에 따라 이용되기도 하고 개헌되기도 한다. 정치권에서 개헌이 논의될 때는 국민의 염원과 소망이 담겨야 하는데, 매번 그랬듯이 권력 구조에만 일순위로 두고 제대로 된 논의가 이뤄지지 않았다. 국민의 손으로 대통령을 직접 탄핵시키고 정권 교체에 성공하여 국민의 열망이 담긴 개헌안이 발의되어도 국회의 문턱은 턱없이 높기만 했다.

법은 그 시대의 사회를 비추며 사회 변화에 따라 함께 변화한다. 시대가 빠르게 흐르면서 변화하고 있고, 국민의 요구도 다양해지고 있다.

4차 산업혁명 시대, 양극화 시대, 인공지능, 빅데이터 등 논의해야 할 사안과 뼈대부터 잘못된 법을 개정해야 할 필요성이 높아졌다. 권력 구조를 개편하기도 해야 하고 민주주의와 인간의 기본권 등을 새로운 시대에 맞게 논의해야 한다. 그러한 염원과 답답함이 나를 이끌어 이 책을 쓰게 만들었다.

이 책에서 급변하는 사회에서 부정의 교정 주체인 사법부의 역할을 논의하고, 우리 사회에서 법치주의의 의미에 대해 고민하고 성찰함으로써 복잡한 법 논리에 갇히지 않고 사회 일반의 관점에서 법을 이해하고 설명하고자 했다.

1장에서는 사법 개혁과 판결의 공정성에 대해 이야기했다. 진실은 손을 뻗으면 닿을 것 같지만, 입장과 입장이 격렬하게 부딪히기만 할 뿐 늘 먼 곳에만 있는 것은 아닌지 그 의문에서 시작되었다. 우리나라는 입법부, 사법부, 행정부 셋으로 나뉜 삼권 분립 체제다. 이는 국가 권력이 함부로 사용되는 것을 막기 위한 제도다. 하지만, 현실에서는 권력을 가진 사람은 자신만의 안위를 위해 권력을 사용하고 있다는 사실이 씁쓸하다.

국민 주권과 기본권 보호라는 법의 근본 원리부터 헌법이 보장하는 소수자의 기본권을 보호하는 것이 사법부의 역할이라는 점을 짚어보았다. 다수결에 의한 투표로 선출되는 대통령과 국회의원과는 달리 임명이 되는 판사는 소수를 지키고 보호해야 한다. 인권을 수호하는 최후의 보루여야 할 사법부가 과거사를 정리하고 법관의 양심에 따라 정의로운 판결을 내려주길 바라는 마음에 기술하였다.

2장에서는 법의 본질에 대해 알아보고 법 속으로 들어가 개개인의 존엄성을 보장하기 위한 법의 성격에 관해 이야기했다. 잔악한 범죄가 보도되면 여론은 강력한 처벌을 요구하는데, 막상 낮은 형벌이 선고되면 비난과 분노의 화살이 사법부를 향한다. 판결에 결정적인 영향을 미친 정황 증거는 중요하지 않고 오로지 판결만 중요한 것이다.

이런 딜레마에서 법은 정당하지 않은지, 무죄를 받을 수 있는 재판 제도의 신설은 현실 가능성이 있는지 알아보았다. 모든 사람은 법 앞에서 평등해야 하며, 법은 최소한의 권리를 보장해주어야 한다는 점에서는 누구나 공감할 것이다.

3장에서는 누구는 되고, 누구는 안 되는 법의 잣대를 논의했다. 모든 국민은 법 앞에 평등해야 하지만, "유전무죄 무전유죄"라는 한 탈주범의 외침처럼 현실은 그렇지 않다는 점에서 한탄스러움을 참지 못했다.

헌법과 법률의 정신은 한 집단에게 특혜가 없어야 한다. 재벌이든 권력가든 일반 시민에게든 똑같은 무게와 공평한 대접으로 이어져야 한다. 그리고 법은 예측할 수 있어야 하며, 법이 제대로 서려면 국민이 법을 신뢰해야 한다.

그러나 국정 농단 사건에서 혐의가 중대한 피고인 가운데 석방된 유일한 생존자가 삼성 부회장임을 보았을 때, 결국 정치권력과 자본 권력의 전형적인 정경유착이 아닌지, 그러한 불편한 현실에 대해 써보았다.

우리나라에는 역사적으로 시간을 거꾸로 돌려 정의를 구현하고 권력에 맞서지 않고 소신껏 인권과 민주주의를 지켜왔던 변호사들이 있었다. 이 땅에 법치주의와 민주주의가 자리 잡기까지 그들이 있었기에 우리는 암울했던 시기를 지나 지금에 이를 수 있었다. 소개하고 싶은 법조인이 너무나 많았지만, 지면 한계상 몇 분만 소개하게 되어 무척 아쉬웠다.

4장에서는 권력이라는 힘에 가려진 민낯이 어떤 모습인지를 알아보고자 한다. 분쟁의 끝에 선 사람들은 결국 법대로 하자고 한다. 그만큼 당사자들이 풀지 못하는 문제를 법의 판결에 의지해 해결하는 일이 일상이 된 것이다. 그러나 법이 만인에게 평등하며 권력 앞에서 법이 정당한지에 관해서는 의구심이 드는 것이 사실이다. 권력이라는 힘에 가려진 민낯은 그리 아름답지는 않았다.

우리나라가 법치주의를 지향함에도 깊이 있는 논의를 다룬 책을 찾기는 쉽지는 않다. 정작 법의 판결을 받아야 할 사람이 그 위에서 군림하고 있는 실태를 고발하고 이러한 모순을 어떻게 해결할 수 있는지 생각해볼 필요가 있었다. 또한, 법의 정치에 대해 어떻게 대처할 것인지, 법관이 법률과 양심에 따라 판결하는 것이 얼마나 힘든 일인지를 알아보았다.

5장에서는 공정한 재판을 위해서는 판결의 독자성 보장이 대안이자 해답임을 기술했다. 어떤 상황에 부닥치더라도 법관은 헌법을 수호해야 하며 정의를 지켜야 한다. 사법 불신을 해소하려면 판결문을 공개하여 정확하고 공정한 판단을 했는지 알 수 있도록 해야 한다.

또한, 현실을 반영하지 않은 시대착오적인 법률을 개선할 수 있는지 알아보고자 한다. 의료 현실이 열악한데도 의료 관련 법안은 의료 공급자뿐 아니라 피해자에게도 희생을 요구하고 있다. 장기적으로 부작용을 키우는 관련법을 개정하여 더 이상 피해를 키우는 일이 없도록 해야 한다.

덧붙여서 국회의원은 국민이 선출한 대표자로 국민을 위해 법률안을 제정해야 한다. 그러나 국회의원이 되고 나면 자신의 사익과 권력을 위해 만들고 개정하는 경우가 적지 않다. 이러한 국회의원에게 입법을 맡길 수 있는지 논의하고 법이 공정하게 만들어지고 있는지 감시하면서 정보를 공유해야 함을 주장한다.

마지막으로 6장에서는 사법 개혁과 제도 개혁을 위해 몇 가지를 제안했다. 법은 국민을 위한 것이라는 대원칙을 지켜야 하지만, 과거부터 현재, 그리고 미래에도 어느 한쪽이나 소수의 권력층에게 유리하도록 법이 만들어졌던 것이 사실이다. 물론, 세상 어디에도 완벽한 법도, 완벽한 보호도 없다. 그러나 국민과 국가가 함께 민주적으로 사법 개혁을 시행함으로써 더 이상 사법 농단이 일어나지 않도록 사법의 역사를 다시 써야 한다.

국민의 참여도를 높여 국회 스스로 제도 개혁에 앞장설 때 이 나라의 미래가 밝을 것이다. 그러기 위한 사법 개혁과 제도 개혁에 대해서 논의해보고자 했다. 또한, 정의는 스스로 찾아오지 않는다. 혹독한 대가를 치러야만 시민에게 찾아오는 정의에 대해 이야기하고, 과거와 현재의 잘못된 정치적, 법적 사안들을 개혁해야만 정의를 정의라고 말할 수 있다.

장 말미에 머리도 식힐 겸 쉬어가는 페이지로 '생각 더하기'를 추가해보았고 블로그https://blog.naver.com/kwakdj63에 그동안 소소하게 썼던 정치에 대한 단상을 조금 수정해서 덧붙여보았다. 현대 사회는 생각보다 훨씬 복잡하고 빠르게 돌아가고 있다. 법 지식이 필요한 사람에게뿐 아니라 일상의 새로운 지식으로, 세상을 바라보는 다른 시각으로 이 책이 도움이 되었으면 좋겠다. 우리가 사는 이 시대의 다른 쪽에서는 세상이 이렇게 돌아가고 이런 방향으로 나아가고 있으며 점점 살기 좋게 나아가고 있다는 것을 알려주고 싶었다. 이 책을 통해 세상이 돌아가는 모습을 법을 통해서 보여주고 싶었다.

　법은 시대를 가장 잘 반영한다. 가급적 쉬운 용어를 사용해 이해하기 쉽게 하고자 했고, 아무리 좋은 내용이라도 누군가 읽어주지 않으면 소용이 없기에 누군가 읽어서 그 사람에게 조금이나마 도움이 되길 바랐다. 비록 서툴고 못난 문장이지만, 이 책을 통해 이 사회를 바라보는 데 시야가 더 넓어졌으면 좋겠다.

곽동진

차
례
—

1장
왜
법대로
하는데
판결은
다를까?

불요불굴不撓不屈**의 핵심 키워드**

판결 양심 사법부

과거사   적폐세력   사법개혁

인권유린 정의 실현

신념 유전무죄 무전유죄

서열위계 관료사법제도   정치권력

과잉충성 공정한 재판

사법농단 독립성 권력을 위한 충성

왜곡된 판결 법관의 법과 양심

왜 법대로
하는데
판결은 다를까?

판결에 이의 있습니다

◆ ◇

과거사 정리는 정권이 바뀌는 전반적인 사회 분위기에서는 피할 수 없는 숙제다. 2005년 과거사에 대한 반성으로 시작된 이용훈 대법원장의 취임사는 이렇게 시작했다.

"사법부가 과거의 잘못을 벗어던지고 국민을 섬기는 법원으로 새롭게 거듭날 수 있도록 모든 역량을 쏟아부을 것이다. 사법부 구성원이 모든 열정을 재판에만 기울여 소신 있는 판단을 할 수 있는 여건을 만들기 위해 사법권의 독립을 훼손하려는 어떠한 시도도 용납하지 않을 것이다"라고 말하며 사법부 독립을 제1순위로 꼽았다.

이미 이용훈 대법원장은 취임 전부터 노무현 정부가 사법부 차원의 과거사 정리를 원한다는 것을 알고 있었다. 또한, 사법

부가 정치권력으로부터 제대로 독립하지 못했고, 인권 보호의
마지막 보루로서 소임을 다하지 못한다는 사실을 적시했다.

양승태 대법원장도 2011년 취임사에서 비슷하게 말했다. "재
판의 독립 없이는 법원이 결코 사명을 완수할 수 없고 민주주의
도 존속할 수 없다. 법관이 법과 양심에 따라 재판함에 있어 부
당한 영향을 받지 않도록 저의 모든 역량을 다 바칠 것이다."

그러나 대법원장의 초심과는 달리 사법부 독립으로 향한 길
은 여전히 갈 길이 멀기만 하다. 그동안 사법부는 인혁당 사건
이나 동백림 사건 등 무수한 인권 유린 재판의 공정성에 대한
진상 규명의 요구를 외면해왔다. 과거 이런 어두운 기억이 잠재
되어서인지 우리나라 사람들은 법이 나를 보호해줄지에 대한
의심이 뿌리가 깊다.

또한, 역사적으로 법이 끝까지 국민을 보호한 사례를 찾기가
어렵다. 법을 잘 지키면 정의의 이름으로 판단을 받을 수 있다
는 믿음이 있어야 하는데, 우리는 식민 시대를 거쳐 유신 독재
시대를 견디면서 그런 불신이 커진 탓이다. 이러한 분위기에서
이용훈 대법원장은 사법부의 판결에 이의가 있다고 제기하고
나섰다.

사실 사법 개혁과 사법 제도의 선진화는 이러한 실천적 반성

을 기반으로 했을 때 이루어진다. 국민의 신뢰가 없는 사법부는 존속할 수 없으며, 독립된 사법부가 없는 민주주의는 존재할 수 없다. 이러한 주장은 당연한데도 새로운 주장으로 받아들여지는 현실이 아이러니하다.

그동안 사법부는 국민보다는 정치권력을 섬겼고, 국민의 신뢰를 받기보다 권력의 신임을 원했다. 그 결과 인권 유린이 자행되어 왔다. 이용훈 대법원장은 사법부가 유신 시대부터 전두환 정권에 이르기까지 왜곡된 판결들로 신뢰를 잃은 상태라고 판단했다. 이것은 법원 스스로 잘못을 인정하고 시정해나가야 할 문제였다.

이용훈 대법원에서는 과거사 정리를 두 가지로 결정했다. 바로 '재심'과 '국가 손해 배상'이다. 경범죄나 다름없는 유언비어 유포에 긴급조치 위반 혐의를 적용해 징역 3년, 심하면 징역 10년까지 선고한 판결은 정말 법원이 해도 해도 너무한 경우였다. 말 한 번 잘못했다고 힘없는 서민에게 중형을 선고한 판결은 당연히 명예 회복을 이뤄줘야 한다. 이어지는 과거사 피해자들의 손해 배상 청구에는 손해배상금을 깎을 길을 판례로 열어주어 이자를 대폭 줄여나가야 한다.

그러나 2011년 양승태 대법원장이 취임한 뒤 다시 국가의 책임을 회피하고 권력을 좇는 역주행이 본격화되었다. 손해 배상 청구를 막기 시작한 것이다. 진실 규명 결정일로부터 3년 안에 소송을 제기하지 못했거나 애초 진상 규명을 신청하지 않은 피해자들은 손해 배상 청구를 할 수 없다고 못박았다. 이로써 민주화운동 관련자와 박정희 정권 긴급조치 피해자도 도리어 대형 참사를 당해야 했다. 과거사 피해자들은 고문과 억울한 누명의 고통에 이어 국가배상금을 한 푼도 받지 못하거나, 미리 받은 배상금을 이자까지 붙여 돌려줘야 하는 등 고통을 받으면서 사법부에 시달렸다.

양승태 대법원장은 상고법원 설치를 위해 이러한 과거사 역주행 판결을 박근혜 정부의 국정 운영 뒷받침 사례로 포장하였다. 이러한 일련의 사건은 법에 관해 무지에 가까운 사람에게도 충격적인 일이었다. 국민의 법 감정과 동떨어진 판결은 사법부에 대한 비판이 사법부의 독립을 해칠 우려가 있기에 하지 않아야 한다는 서민들의 믿음을 흔들리게 했다.

이용훈 대법원장의 사법부 출범 이후 서민은 사법부에 대한 비판을 애둘러 회피했었다. 민주주의의 최후 보루는 사법부의 독립권이기 때문이다.

2015년 양승태 대법원장과 박근혜 전 대통령의 독대를 위해 작성된 〈과거 왜곡의 광정(잘못된 것을 바로잡아 고침)〉에서는 "사법부는 그동안 대통령의 국정 운영을 뒷받침하기 위해 최대한 노력해왔음", "왜곡된 과거사나 경시된 국가관과 관련된 사건의 방향을 바로 정립해왔음" 등 법관이 썼다고 하기에는 입에 올리기조차 민망한 표현들로 가득 차 있었다. 국가의 무자비한 폭력으로 평생 지울 수 없는 고통을 당한 피해자는 안중에도 없는 말이다.

과거 군사 독재 시절에 외압 등으로 왜곡된 판결에 대해 사법부가 정리하고 시정해야 하는 것은 당연한 일이다. 법원이 반성하고 피해자의 명예 회복을 이뤄줘야 할 사건은 이미 많은 논의를 거쳐왔다. 과거사 청산과 법적 안정성 확보라는 두 마리 토끼를 잡는 게 쉬운 일은 아니지만, 사법부가 한마음으로 뜻을 모은다면 해법을 마련할 수 있다. 법원은 예나 지금이나 앞으로도 권력과 여론으로부터 사법권의 독립을 지켜내야 하는 것이 그 소임임을 잊지 말아야 한다.

권력에 의한 권력을 위한 충성

◆ ◇

민주주의에서 권력은 국민에게 있다. 그런데 '권력' 이라고 하면 부정적인 분위기가 되어 입에 담기 불편해한다. 권력을 쥐었다든가, 권력을 과시한다든가, 권력에 굶주렸다든가 등 이래저래 부정적인 느낌이 드는 것은 마찬가지다. 권력을 더러운 것으로 치부하는 사회 분위기는 권력이 강제성을 띠기 때문이다.

부모는 자식을, 고용주는 피고용자를, 교사는 학생을, 정치인은 시민을 통제한다. 사회적 권력은 삶의 모든 영역에 존재하고, 모두가 권력의 영향을 받는다. 사회적 권력은 이처럼 삶의 모든 영역에 존재하고 집단 속 사람들에게 지배력을 행사하며 사회로부터 인정받는 최고 권위를 말한다. 이러한 권력이 지배성, 폭력성, 강제성과 관련되어 있음은 의심할 여지가 없다.

권력은 남을 복종시키거나 지배할 수 있는 공인된 권리와 힘이다. 특히 국가나 정부가 국민에 대하여 가지고 있는 강제력을 말한다. 이러한 힘이 정치적으로 기능하기 위하여 형성된 경우를 정치권력이라 하고, 법학 부문에서는 공권력 또는 국가 권력이라 부른다.

그러나 사실 권력에는 고유한 선과 악의 의미가 담겨 있지 않다. 권력을 어떻게 이해하고 어떻게 이용하느냐에 따라 여러 가지 형태를 띠게 된다. 가령, 권력과 법 사이에서 진실은 서로에게 영향을 미친다. 이때, 권력은 항상 법과 진실에서 더 큰 영향력을 발휘한다.

한 여론 조사에서 자신을 '중도'라고 응답한 비율은 49.2%로, '중도'나 '잘 모르겠다'는 비율이 점점 커지는 추세라고 밝혔다. 실제 정치 세력의 양극화는 심화되고 있는데, 보수와 진보 양쪽의 이념 지형은 위축되고 있다. 정치 자체가 중도보다는 극단으로 이끄는 경향이 있는데, 권력 투쟁의 현장에서는 적과 동지로 극명하게 갈리는 속성이 있기 때문이다.

우리나라는 특히 승자 독식의 성격이 강하다. 시장의 경쟁은 치열하고 승자가 거의 모든 것을 가져간다. 우리나라는 소득 상위 1%가 전체 소득의 16.6%를 가져가는 나라로 미국의 17.7%에 이어 경제협력개발기구OECD 국가 중에서 두 번째로 소득의 편중이 심하다. 정치적으로도 대통령, 국회의원, 지자체 선출직 선거 모두가 소선거구제에 최대다수 득표자 1명이 승리를 거머쥐는 승자 독식 구조로 설계되어 있다.

이해하기 쉽게 경제적으로 보면 승자 독식 체제는 필연적으로 불평등을 초래한다는 것을 알 수 있다. 정치적으로도 마찬가지다. 지난 20년 동안 우리나라의 정치는 소선거구 단순 다수 대표제를 통해 승자 독식 체제를 구조화하고, 양당 체제를 통해 적대적 공생을 해왔다. 이런 구조에서는 새로운 세력, 새로운 생각이 기존의 정치 체제를 바꾸기가 어렵다. 변화를 이끌려면 현재의 정당과 국회의원들이 기득권을 주장하지 않아야 가능하다. 그러나 노무현 전 대통령의 일을 떠올리면 얼마나 어려운 일인지 가늠할 수 있다.

플라톤은 "정치에 무관심한 것에 대한 가장 큰 벌은 자신보다 저급한 사람들의 지배를 받는 것"이라고 말하였다. 민주주의 체제에서 사는 우리는 국가가 우리에게서 권력을 빼앗아가는 것이 아니라 우리가 권력을 투표를 통해 넘겨주는 것임을 명심

해야 한다. 나의 한 표는 어차피 중요하지 않다는 체념에 참여조차 하지 않는다면 그 순간부터 권력을 빼앗긴 셈이다.

사법부가 정치권력의 입김에 좌우되는 일은 없어야 한다. 사법부의 독립을 지킬 만한 법관들의 신념이 필요하다. 정권에 휘둘려 눈치를 보다가 과오를 저지르는 일 또한 더 이상 없어야 한다.

국민은 투표하는 순간에만 주권자가 되어서는 안 된다. 의회와 법원을 감시하고 견제할 때 법원이 바로 서고, 나라가 바로 선다. 그래야 권력의 부패를 막을 수 있다. 권력은 부패하기 쉬운데, 특히 절대적 권력은 절대적으로 부패한다는 말이 있다. 권력의 부패와 갑질의 횡포를 막으려면 국민이 감시하고 비판하는 자세를 견지해야 한다.

비뚤어진 충심

2010년 민간인 불법 사찰이 밝혀졌을 때 주요 외신에서는 '한국판 워터게이트'라며 대서특필했다. 당시 사건을 담당한 변호사들은 "대한민국 공무원들이 그런 짓까지 하느냐"며, "법률가의 상상력에서 완전히 벗어나서 영화보다 더 영화 같다"며 혀를 찼다. 비뚤어진 충심과 권력욕으로 문화, 언론계를 비롯하여 무분별하고 무차별적으로 사찰을 자행했다.

사찰이라는 것은 본래 조사하여 살피는 것을 말한다. 우리나라는 예로부터 관료들의 비리를 적발하여 바로 잡기 위해 어사대, 사헌부 등이 있었고 암행어사가 파견되기도 했다. 오늘날은 공무원의 비리를 적발하는 공식적인 조직인 감사원이 있다.

문제가 되는 정치 사찰은 새롭게 권력을 잡은 쪽에서 정적을 탄압할 목적으로 상대방의 뒤를 몰래 캐는 것을 말한다. 주로 비민주적인 국가에서 횡행한다. 사실 털어서 먼지 안 나는 사람은 없다. 트집을 잡으려고 맘만 먹으면 한도 끝도 없을 것이며 색안경을 끼고 보면 작은 일도 크게 보인다.

정권이 바뀔 때마다 충분한 혐의를 놓고 조사를 시작하여 적법한 절차에 따라 공개적으로 잘잘못을 따지면 좋겠지만, 실제로는 이미 결론부터 내놓고 짜맞추기식으로 무리하게 사찰하는 경우가 많아 심각한 문제가 된다.

특히, 민간인 사찰은 가장 심각한 사례로 공무원도 아닌 일반 개인의 뒷조사를 몰래 엿보고 살피며 뒷조사를 하는 것은 권력 남용이다. 민간인 사찰의 결과, 약점이 드러나면 영향력 있는 지위에서 내쫓아내고 자신의 입맛에 맞는 꼭두각시를 그 자리에 세워 언론의 자유를 억압하고 여론을 왜곡하여 국민의 눈과 귀를 막는 데 이용하는 경우가 아주 많다.

1972년 리처드 닉슨 대통령의 측근이 닉슨의 재선을 위해 워싱턴의 워터게이트 빌딩에 있는 민주당 본부에 침입하여 도청 장치를 설치하려고 했다. 이 사건은 미국 역사상 최대의 정치 스캔들인 '워터게이트 사건'으로서 정적의 뒤를 캐다 들켜서 대통령 사임까지 간 경우인데, 우리나라는 정적은 물론 민간인의 뒤를 캔 경우로 죄질이 더 나쁘다고 볼 수 있다.

미행이나 도청과 같은 불법적인 방법이 아닌 합법적인 방법에서 공무원의 비리를 캐는 감찰은 문제가 되지 않지만, 일반 국민을 그 대상으로 한다면 민주주의의 정신에 크게 위배되는 일이다. 들키면 증거를 인멸하고 오리발을 내밀고 '불법 사찰은 이전 정권에서 더 많이 했다'고 주장하기까지 한다.

민간인 사찰의 피해자로 김종익 씨의 사례를 보면, 민간인 신분의 김 씨가 불법 조사의 대상이 된 것은 자신의 블로그에 올린 25분 분량의 '쥐코' 동영상이 발단이 됐다. 해당 동영상은 한인 미국 유학생이 제작한 것으로 촛불 집회 과정에서 촉발된 여러 문제와 이명박 정부를 비판하는 내용을 담고 있었다. 사찰을 당한 후, 본인의 삶이 송두리째 뽑힌 것은 물론, 회사가 망하고 지인과의 관계가 모두 끊기는 등 일가가 패가망신하다시피 했다. 한 개인의 삶이 망가졌지만, 그 누구도 책임져주지 않는다는 점에서 국민의 공분을 샀다.

정치권력이 직접적으로 나서서 낙하산 인사를 허용하고 언론의 자유를 위협하면, 민간인 사찰과 블랙리스트 작성과 같은 파렴치한 일들이 자행된다. 자가당착과 후안무치, 그리고 적반하

장에 이르기까지 비판과 쓴소리를 멀리했던 보수 정권 9년 동안 비뚤어진 충심으로 이루어진 부당한 거래로 인해 언론과 표현의 자유, 국민의 기본권이 크게 위축되고 민주주의에 위기를 가져와 민주주의 환경이 크게 후퇴했다는 것을 잊지 말아야 한다.

법관에게
양심이란?

◆　◇

　　서울지방변호사회가 시행한 〈2018년 법관 평가〉는 우수 법관 21인, 하위 법관 5인으로 선정되었다. 우수 법관은 충실한 심리와 공정한 재판 진행, 충분한 입증 기회 제공, 충실한 판결문 작성, 경청 및 높은 사건 이해도 등 우수 법관으로서의 요건을 갖추었다.

　　반면, 하위 법관은 매우 고압적인 태도와 품위가 없는 언행, 당사자 일방의 주장에 대해 일체의 판단 없이 그대로 판결문을 작성하거나 고함을 지르거나 면박을 주거나 비꼬는 발언을 했고, 변론 시간을 1분으로 정해 1분이 지나면 강제로 발언을 중단시키거나 당사자가 원하지 않는데 무리하게 조정하도록 강권하거나 변론 기회 박탈, 이유 없는 절차 지연 및 편파적인 재판 진행 등으로 부적절한 사례가 지적되면서 선정되었다.

변호사가 평가하는 법관 평가 제도는 우수 법관은 표창하고 하위 법관은 앞으로 함부로 행동하지 못하도록 하는 데 있다. 그런데, 우수 법관은 공개하면서 하위 법관은 공개하지 않는 이유는 그 판사들로부터 불이익을 받을 수 있으며, 고소나 보복을 당할 수 있기 때문이다.

그러나 변호사협회에서 법관 평가 제도를 시행하는 이상 하위법관을 언론에 공개하여 잘못을 폭로하고 인정하게 하는 게 좋다. 그래야 판사가 판결대 위에서 함부로 행동하지 못하고 법을 준수하며 공정성 있는 판결을 내릴 수 있지 않을까?

사실 판결은 판사가 마음만 먹으면 손바닥 뒤집기보다 쉬운 일일 것이다. 그리고 그 피해는 고스란히 법을 통해 억울함을 풀어보려고 한 서민들의 몫이다. 국민이 판사들에게 신성한 재판권을 부여하고 신분보장을 하는 것은 순전히 공정한 재판을 해달라는 취지에서다.

더불어 변호사들이 말하는 더 악랄한 '막장 판사'는 청탁, 로비, 연줄 등에 의해 법리를 왜곡하고, 엉터리 판결을 일삼는 양심 불량 판사들이다. 그 전형인 전관예우는 오랜 기간 불식되지 않는 법조 비리이자 엉터리 판결의 온상이기도 하다.

법관은 불편부당한 재판과 심판을 해야 하고 누구에게서도 독립된 위치에 있어야 한다는 것이 매번 사법 파동의 핵심이었다. 노벨경제학상 수상자 조지프 스티글리츠는《불평등의 대가》에서 "우리는 흔히 법규란 약자를 강자로부터 보호하고 일반인을 특권층으로부터 보호하려는 목적에서 고안된 것으로 생각한다. 하지만 부유층은 정치적 권력을 이용하여 타인을 착취할 수 있는 구조를 보장받을 수 있도록 법규에 영향을 미친다. 뿐만 아니라 부유층은 정치적 권력을 이용해서 불평등의 존속을 보장하려 할 뿐, 경제와 사회의 평등성과 공정성의 향상에는 아무런 관심을 보이지 않는다"라고 지적했다.

즉, 경제 권력의 민주주의 질서 위협이다. 노무현 대통령이 말한 "권력은 시장으로 넘어갔다"는 말이 이것이다. 따라서 사법부만이라도 사회 정의의 기준 아래 부정의 교정과 해소를 법과 원칙에 입각하여 잘못된 권력 남용에서 억울하게 피해를 본 약자들을 보호할 수 있어야 한다.

헌법 제103조에는 "법관은 헌법과 법률에 의하여 그 양심에 따라 독립하여 심판 한다"라고 명시되어 있다. 여기에서 헌법과 법률은 그렇다 치고, 양심은 도대체 무엇을 의미할까? 양심이 사람에 따라 달라지는 주관적이어서 법관에 따라 재판 결과가 달라지고 크게는 이러한 사법 파동까지 일어나게 된 것일까?

그러나 재판에 있어서 법관의 개인적 주관은 당연히 배제되어야 한다. 양심은 개인의 주관이나 소신, 철학에 달린 것이 아니라 사회적 합리성을 갖춘 객관적인 기준을 말하는 것이다. 다시 말해, 공동체가 함께 인정하는 이성적인 판단이다.

그런데 사법 농단을 대하는 현직 법관들의 방관 또는 침묵은 양심과는 거리가 멀었던 것 같다. 박정희 독재 정권 때1·2차 사법 파동는 물론이고, 김영삼 정부3차 사법 파동, 이명박 정부4차 사법파동, 박근혜 정부5차 사법 파동 시기에 일부 법관들은 권력의 부정과 비리에 맞서 과감하게 싸운 바 있다.

최근 국민적 충격을 던진 양승태 사법부의 재판거래도 같은 맥락에 있다. 양승태 사법부는 상고 법원을 도입하고자 전교조 법외노조 사건, 통진당 정당해산 심판 사건, 원세훈 전 국가정보원장 사건, 통상임금 사건, KTX 승무원 사건 등을 청와대와의 거래 대상으로 삼았다. 그런데 그 사례들보다 훨씬 심각한 헌정 파괴 행위를 자행한 양승태 대법원의 사법 농단을 사법부 구성원 전체가 방관하는 까닭은 무엇인가?

판사들을 분노하게 한 건 '거래'였다. 판사들이 법관의 이익을 위해 재판을 유리하게 하도록 거래한다는 것은 법의 신뢰를 송두리째 뒤흔드는 초유의 사법 농단이다. 사회적 약자가 마지막으로 찾는 곳이 법원이다. 그런데 사법 농단은 정치 판사들이 법과 원칙을 입맛에 맞게 좌지우지하며 주무르면서 서민들의 마지막 희망마저 짓밟았던 것이다.

대법원은 구체적 사건에 대한 법적 해석과 적용을 통해 법과 정의가 무엇인지를 최종 선언하는 국가기관이다. 또한 인권 수호를 위한 최후의 보루이자 우리 사회가 나아가야 할 방향을 제시하는 막중한 역할을 맡고 있다. 무너진 사법부의 신뢰를 회복하는 방법은 한 가지뿐이다. 스스로 과거의 잘못을 인정하고 사죄하는 것, 그리고 행동으로 보여주는 것이다. 법관에게 양심이 있다는 것을 스스로 증명해주길 바란다.

시대의 흐름이 바꾼 판결

◆　◇

　　보통 판결문은 잘 공개가 되지 않는데, 그 이유에 관해서는 5장에서 따로 이야기하겠다. 세월호 참사로 국가가 배상 책임을 인정하고, 강제 징용 대법원 확정 판결이 1심, 2심과 달랐던 것처럼 판결은 시대상을 반영하며 변화한다. 판결문이 먼저 나서서 사회를 바꾼 적은 거의 없었는데, 매번 사회에서 공론화가 되어 싸워나간 끝에 사회가 변화하면서 판결에 반영된다. 그러나 일제강점기 강제 징용 판결처럼 누군가의 삶에 막대한 영향을 끼치기도 하고 한일 무역 전쟁의 원인이 되기도 하면서 결정적으로 사회 변화를 이끌기도 한다.

　　판결에는 국민의 다양한 이해관계나 견해의 스펙트럼을 충분히 반영할 수 있어야 한다. 과거 대법원은 너무 획일화된 판결

로 국민의 지탄을 받았는데, 이제는 사회의 변화나 각계각층의
목소리를 담은 다양한 판결이 필요한 시기다.

1) 세월호 참사 국가 배상 책임 인정

2014년 세월호 참사가 일어난 지 4년여 만에 국가의 배상 책
임이 인정됐다.

세월호 희생자 단원고생 117명과 일반인 2명의 유족은
2015년 9월 국가의 안전 점검 미흡 및 초동 대응 실패가 피해
를 키웠으며, 세월호 사고의 원인, 처리 과정, 그 결과에 대한
국가의 잘못을 묻고 싶다며 희생자 1인당 10억 원 안팎의 청
구 금액으로 소송을 냈다. 일부 유가족은 세월호 참사에 대한
국가 책임을 법원에서 판단받겠다며 국가배상금을 받지 않고
소송을 진행했다.

2018년 서울중앙지법 민사30부이상현 부장판사는 7월 19일 전
명선 4·16세월호가족협의회 운영위 원장 등 유족들이 국가와
청해진 해운을 상대로 낸 손해 배상 소송에서 희생자 1명당 위
자료 2억 원씩 지급하라고 판결했다. 또한 친부모들에겐 각

4,000만 원씩, 형제자매와 조부모 등에게도 각각 500~2,000천만 원의 위자료를 지급하라고 판결했다.

재판부는 "청해진해운 임직원들이 화물 과적과 고박 불량 상태로 세월호를 출항시킨 행위, 세월호 선장 및 선원들이 승객 구호조치 없이 배에서 내린 행위로 인해 희생자들이 사망에 이르게 되었음이 인정된다. 청해진해운 임직원들의 행위는 불법 행위일 뿐 아니라 청해진해운의 업무 집행 행위에 해당하므로 원고들에 대해 손해 배상 책임을 부담한다"고 밝혔다.

그러나 재판부는 세월호 참사에 대한 국가 책임은 대부분 인정하지 않은 채 공무원 중 유일하게 업무상 과실치사 혐의로 징역 3년을 선고받은 당시 목포해양경찰서 소속 경비정 123정의 김경일 정장만의 잘못으로 돌렸다. 123정장은 신속하게 승객들에 대한 퇴선 조치를 실시해 생명을 보호할 의무가 있는데 그러지 않아 업무상 주의 의무를 위반했다면서 대한민국은 123정장의 직무 집행상 과실에 의한 위법 행위로 원고들이 입은 손해를 배상할 책임이 있다는 것이다.

이에 유가족은 진도 연안해상교통관제센터의 관제 실패 행위, 구조본부의 부적절한 상황 지휘, 항공구조사들이 선내로 진입하지 않은 행위, 국가재난컨트롤타워 미작동 등도 직무상 위법행위에 해당한다고 주장했지만, 재판부는 위법하다고 볼 수 없고, 희생자들의 사망과 인과 관계가 있다고 볼 수 없다며 받아들이지 않았다.

4·16 세월호가족협의회 유경근 집행위원장은 법원이 세월호 참사에 대한 국가와 청해진해운의 배상 책임을 인정한 데 대해 "당연한 결과"라면서도 "소송을 제기한 목적은 도대체 국가가 무슨 잘못을 했는지, 기업의 책임은 어디까지인지 등을 구체적으로 명시해달라는 것이었다. 단순히 정부나 청해진해운이 잘못했다는 걸 인정해달라는 게 아니었다"라고 말했다. 그러면서 2심에서는 지금보다 더 큰 책임을 묻는 재판을 기대하며 항소하겠다고 밝혔다.

재판부는 "청해진해운과 국가의 과실로 이번 사건이 발생한만큼 손해 배상 책임을 인정한다. 세월호 참사로 유족이 엄청난 정신적 충격을 받았고, 현재까지도 외상 후 스트레스라는 지속적인 고통을 받고 있다"며 판결을 내렸다.

아울러 "약 4년 이상 경과한 현재까지도 침몰 원인에 대한 책임 소재, 배상과 관련한 분쟁이 계속되는 점, 세월호 사고가 사회에 미친 영향이 중대하고 다시는 이런 사고가 발생하지 않도록 예방할 필요가 크다는 점 등도 참작했다"라고 덧붙였다.

비록 1심이기는 해도 세월호 참사에 대해 선장과 선원, 국가도 법적 책임이 있다는 것을 사법부가 확인한 것이다. 그러나 법원은 정부의 세월호 참사 초기 대응과 희생자 구조 실패는 위법하다고 보지 않아 한계를 남겼다. 법원이 '국가 재난컨트롤타워 미작동'은 인정하지 않아 '반쪽 판결'이라는 비판도 나왔다.

또한, 최근 드러난 바와 같이 박근혜 전 대통령의 임무 방기와 국가적 진실 은폐, 피해가 가족에 대한 불법 감시와 사찰, 댓글 공작과 조사 방해 행위 등과 관련해 국가의 책임을 묻지 않았다. 이러한 국가 주도의 불법적이고 부당한 행위에 대해서는 별도의 손해 배상 소송을 제기해서라도 국가의 책임을 물어 다시는 이런 참사가 벌어지지 않도록 해야 한다.

2) 일제 강점기 강제 징용 판결

고된 노역을 하고도 임금을 착취당한 일제 강제노역 피해자들은 일본제철(당시 신일철주금)을 상대로 1997년 12월 일본 오사카 지방재판소에 강제노역 피해 보상 및 임금 배상을 위한 소송을 제기했다. 그러나 2003년 일본 최고재판소는 1965년 한일 양국이 맺은 청구권 협정에 의해 개인에게 배상할 책임이 없다고 1심 판결을 확정했다. 일본의 대한제국 식민지 지배는 불법이 아니며, 당시 강제노역을 했던 기업이 지금의 기업과 연관성이 없다는 것이 패소 이유였다.

이에 피해자들은 2005년 2월 서울중앙지방법원에 손해 배상 소송을 냈다. 1, 2심에서는 일본 재판부에서 내린 판결은 한국에서도 효력이 있다는 이유로 패소했다. 당시 일본 기업이 지금의 일본 기업이라고 볼 수 없다는 이유에서였다. 그래서 마지막으로 대법원에 이의제기를 하게 되는데 여기에서 반전이 일어났다.

대법원이 기존의 판결을 뒤집고 다시 재판하라며 서울고등법원으로 파기 환송한 것이다. 이에 2013년 서울고등법원은 일본의 기업들은 한국의 강제노역 피해자에게 1인당 1억 원씩을 배상하라는 최종 판결을 내린다. 이 판결에 일본이 불복하면서 한국에 무역 규제를 하면서 시작된 것이 표면적인 한일 무역 전쟁의 원인이다.

일본에서 1997년 첫 소송이 시작된 지 21년, 국내에서는 2005년 2월 소송을 낸 지 13년 8개월 만의 판결이다. 판결이 나온 시점을 기준으로 원고 4명 중 3명은 사망했다.

또한, 대법원 산하 법원행정처 고위 간부들이 2013~2016년 당시 김기춘 대통령 비서실장 등과 수차례 접촉해 강제노역 소송을 지연시키고, 사건을 대법원 전원합의체로 넘겨 2012년 판결을 뒤집는 방안 등을 논의하면서 재판이 지연되었다. 박근혜 정부는 박정희 정부 당시 체결된 한일 청구권 협정의 정당성에 대한 논란을 막고 일본과의 위안부 합의를 이뤄내기 위해서, 양승태 전 대법원장이 상고 법원 도입 및 법관 해외 공관 파견 등의 목적을 이루기 위해서 양측 간 거래를 하며 재판을 지연한 사법 행정권 남용의 대표적 사례다.

그렇다면, 대법원에서 최종 판결을 다시 하라고 환송을 했던 이유는 무엇일까?

우리 헌법에서 대한민국 국민은 3·1 운동의 숭고한 독립 정신을 계승한다고 선언하고 있다. 따라서 일본의 식민지 지배는 명백한 불법이며 일본 기업은 한국 강제노역 피해자에게 배상해야 한다는 것이다. 그런데 일본에서는 1965년 6월에 더 이상 책임을 묻지 않기로 한일 기본 조약을 맺어 합의했다는 것이다. 모든 식민지 지배에 대한 배상이 포함되었으므로 개인 청구권도 포함된다는 것이다. 2번 배상하라는 한국은 국제법을 어겼다고 주장했다.

그러나 한일 기본 조약에는 보상 부분만 명시가 되었을 뿐, 배상에 대한 명시는 없었다. 보상과 배상은 비슷하면서 매우 다른 뜻인데, 일본 강제노역 피해자에게 줘야 하는 것은 배상이다. 배상은 불법적인 피해에 대해서 지급하는 것이다.

다시 말해, 국가 간의 보상 문제는 끝났지만, 개인에 대한 피해 배상 문제는 남아 있다는 것이 대법원의 판결이었다. 이러한 문제로 일본은 한국 정부에 시정을 요구했지만, 한국은 삼권 분립으로 국가가 개입할 수 없으며, 일본 전범기업 미쓰비시중공업의 국내 재산을 강제로 압류 및 매각하는 절차를 진행하게 되면서 한일 무역 전쟁의 원인이 되었다.

피해자가 어떤 이유로 패소하고 승소했는지는 판결문을 보면 알 수 있는데, 판결문에 접근할 수 없어서 정확하게 알 수는 없다. 그러나 이 판결로 인해 사회에 엄청난 파문이 일었다. 'No 아베'를 앞세운 일본 불매 운동이 한창이며, 일본의 일방적인 경제 보복과 백색 리스트 제외가 국민의 감정을 건드려 분노하게 했다. 이렇게 판결은 누군가의 삶에 막대한 영향을 끼치기도 하고 한일 무역 전쟁의 원인이 되기도 하면서 결정적으로 제도 변화를 이끌기도 한다.

정치는 가족이 살 집을 짓는 것과 같다

정치政治란 무엇일까?

정치에 대한 정의는 다양하다. 국가 또는 정부의 활동, 국정 운영의 권한정권을 차지하기 위한 정치인 간의 권력 쟁취 활동, 정치공동체 구성원들의 의견 차이나 갈등을 해결하는 활동으로 민주적 방법으로 이견을 조율하는 과정, 돈·명예·권력 등과 같은 사회적 가치의 권위적 배분이라는 주장 등 다양하다.

나는 정치를 '시민이 좋은 삶을 만들어갈 수 있는 사회를 만들어가는 과정'으로 생각한다. 그래서 정치란 가족이 함께 살아갈 좋은 집을 짓는 과정과 같다고 생각한다. 비바람과 눈발을 막아주는 지붕과 벽이 있다고 집은 아니다. 여기에 냉난방 시설과 갖가지 가전제품이 자리를 잡고 있다고 해도 좋은 삶, 행복한 삶을 만들어주는 집은 아니다.

좋은 집은 사는 것 자체로 행복한 집이다. 삶의 활력을 불어넣어주고 안전과 편안함을 안겨준다. 사생활을 지켜주면서도 가족 간 유대감과 공동체 의식을 해치지 않는다. 좋은 집은 계속 살고 싶어지는 집이다.

누구나 가족이 살아갈 집을 짓는다면 편안하고 행복할 수 있는 집을 목표로 할 것이다. 편안하고 행복한 집은 설계사와 건설회사에 '알아서 지어주세요'라며 자금만 건네주는 것으로 완성되는 것이 아니다. 그런 집은 외양은 멋지고 화려할지라도 빗물이 새고, 습기로 옷은 곰팡이가 슬고 겨울에 외풍으로 추위에 떠는 집이 될 것이다. 살 사람, 즉 주인의 참여와 관심이 있어야 희망하는 대로 집이 지어진다.

집짓기 시작은 가족들이 모여 어떤 외양으로 할 것인지를 논의하는 것부터 공동 공간과 개인 공간은 몇 개가 필요하고, 어떤 모습이며, 어떤 기능이 있어야 하는지, 때론 마감 자재의 선택에 이르기까지 다양한 사항에 대해 토의할 것이다. 그리고 건축가에게 논의된 사항을 전달하여 설계할 것이다. 그러면서도 '편안하고 행복한 집'을 위해 필요하다면 집을 짓는 중간에라도 설계도를 수정하면서 집을 지어갈 것이다. 그렇게 지은 집이라도 세대를 거치면서 집이 오래되어 더 이상 편안하거나 안락함을 주지 않게 될 경우 집을 허물고 새로 지을 것이다.

그래서 정치는 집 짓는 것과 같다. 정치의 목적은 국민가족이 좋은 삶행복한 삶을 살 수 있는 국가집를 만드는 것이기 때문이다. 국민이 행복한 나라는 국가 정책을 결정하는 사람들설계사와 시공사에게만 맡겨서는 만들어지지 않는다. 국가의 주권을 가진 국민과 정치인이 공론의 장에서 자신들이 행복할 수 있는 조건을 서로 토의하면서 함께 행복한 나라를 위해 한 걸음 한 걸음 나아가면서 만들어진다. 그 과정이 정치다.

따라서 정치는 주권을 가진 국민의 '참여'가 중요하다. 정치에 참여하지 않는 것은 자신이 살 집을 건축 설계사와 건설회사에만 맡기는 것과 같다. 그러므로 행복하게 살기 위해서, 자신의 삶을 좋게 만들어가기 위해서는 주권을 가진 국민이 정치에 참여하여 자신이 행복해질 수 있는 사회를 만들어가야 한다.

불요불굴不撓不屈**의 핵심 키워드**

판결 **양심** 사법부

과거사 적폐세력 사법개혁

인권유린 정의 실현

신념 유전무죄 **무전유죄**

서열위계 관료사법제도 정치권력

과잉충성 **공정한** 재판

사법농단 독립성 권력을 위한 충성

왜곡된 **판결** 법관의 법과 양심

2장

법 앞에서
권리를
말하다

법의 본질

◆ ◇

우리나라는 특히 법에 대한 불신이 크다. 사법 제도가 극적으로 개선되지는 않을 것이므로 불신이 이른 시일에 해소되지는 않을 것이다. 그래서 매정하게도 각자 알아서 범죄를 피해야 한다는 결론이 나온다.

특히, 우리나라는 사기 천국이라고 해도 과언이 아니다. 사기는 일반 범죄와 달리 우발적이거나 순간적인 감정을 이기지 못해 벌어지는 범죄가 아니다. 사전에 철저한 계산을 기초로, 수익이 위험보다 높다고 판단되면 사기를 치게 된다. 다시 말해, 범죄를 통해 얻는 이득이 그로 인해 치르는 형벌보다 높기 때문에 사기가 줄지 않는다. 그래서인지 재범률 또한 다른 범죄보다 80%가량 더 높다.

'법대로 하자'는 말은 재판으로 시시비비를 가려 기어이 상대방을 처리하겠다는 뜻이다. 그러나 법으로 해결하겠다는 것은 궁극적으로 해당 문제나 분쟁을 해결해주지 못하고, 오히려 새로운 갈등을 낳는 일이 잦다. 가령, 정권이 바뀔 때마다 전 정권을 심판대에 올려 수사하는 식의 보복 정치는 법에 따라 해결하겠다는 복수심과 잔인한 일면을 날것 그대로 보여준다.

도로가 넓어지면 자동차 수가 늘어나듯이 법률가가 늘어나면 소송과 재판이 늘어난다. 더구나 고소장을 접수하는 순간, 상대가 원하지 않더라도 누구든지 법적 분쟁에 끌어들일 수 있다. 법률가가 늘어난다고 누구나 쉽고 저렴하게 법적 자문을 구할 수 있는 것도 아니다. 변호사의 수가 많다고 수임료가 줄어든 것을 본 적이 있는가?

길이 막힌다고 하니 많은 사람이 도로를 넓히는 것으로 문제를 해결하려고 한다. 그러나 문제를 해결하고자 할 때는 뒤집어서 생각해봐야 한다. 선진국의 많은 도시가 오히려 도로를 좁히는 방식을 택해 효과를 본 사례가 있다. 대중 교통을 이용하도록 장려하고 자동차 공유 제도를 만들거나 도로를 우회하는 방식으로 해답을 찾은 것이다.

이와 마찬가지로 분쟁이 났을 때, 꼭 전문 법률가의 자문을 구해 해결해야 하는 것은 아니다. 법이 모든 것을 해결해주지 않는다는 것을 사람들이 경험하면서 법률가에 의한 해결 방식은 점점 쇠퇴할지도 모른다. 인류는 점차 진화하고 발전하고 있다. 플랫폼 기업의 발달, 인공지능의 발달로 과학기술이 더욱 정교해지고 있다. 이런 시대에서 일어난 문제를 지금의 법의 본질로 해결할 수 있을까?

빅데이터 기술과 인공지능은 이제 판사보다 더 판결을 잘할 수도 있다. 인공지능이 체스 챔피언을 이겼지만, 아무리 인공지능이라도 바둑만큼은 인간을 이길 수 없을 것이라는 예측이 가장 많았다. 바둑은 아주 간단한 규칙이지만, 매우 복잡한 사고를 필요로 하며 경우의 수가 무한대이기 때문이다. 알파고의 가장 큰 특징은 스스로 학습하는 컴퓨터라는 점이다. 수많은 경기를 보고 컴퓨터가 스스로 학습해서 현재에 이른 것이다. 이런 기법을 '딥러닝' 이라고 한다.

알파고가 이세돌을 상대로 승리를 거둔 후, 우리는 이제 인공지능의 시대가 왔다는 것을 알게 되었다. 컴퓨터가 재판을 통해 사람의 운명을 좌지우지하는 것에 인간 존엄성 모독과 헌법 위배, 민주주의 정신에 반한다고 주장하는 의견도 많다. 그러나 알파고의 승리는 결국 인간의 승리다. 알파고를 만든 것은 인간이기 때문이다.

결국, 인공지능이란 인간의 경험, 지식이 축적된 빅데이터를 활용한 것으로 재빠른 시간에 보여준 것에 불과하다. 바둑의 역사와 기보를 집적하여 확률적으로 승률이 높은 수를 택했듯이, 수년간 축적된 법률 정보를 좀 더 신속하고 공정하게 제공해줄 수 있을 것이다.

법은 신뢰도가 높고 공정해야 한다. 특권층에게 내리는 판결과 들쑥날쑥한 판결은 대중에게 신뢰를 저버리게 만든다. 사람들은 부족한 것보다 불공정한 대우를 받을 때 분노한다. 사람에 따라 달라지는 판결은 정의롭지 못한 것이다. 무엇보다 인공지능은 적폐 중의 적폐인 전관예우는 없을 것이다.

법은 단 하나만을 옳다고 선언하는 치명적인 결함이 있다. 양측이 서로 양보하는 것이 시간과 비용상 경제적이다. 긴 시간과 큰 비용을 들여 결국 법률가의 배만 채워주는 것은 아닌지 잘 따져볼 필요가 있다.

법은 예측 가능해야 하고, 법이 제대로 서려면 국민이 법을 신뢰해야 한다. 공정하고 두려움이 있어야 신뢰를 얻을 수 있다. 분쟁이 생기면, 법이 해결해줄 것이라고 믿는다. 법대로 해야 시비가 가려진다고 생각해서다. 그러나 법은 최소한의 도덕이다. 법은 도덕의 범주 안에서 필요한 부분만 개입하는 것이 타당하다.

법
속
으로

◆　◇

　국가가 해야 할 의무와 역할은 매우 많다. 국가 안보,
국방, 치안 유지는 물론이고 경제, 노동, 예술 문화 진흥과 교
육, 산업 등 끝이 없다. 이렇게 국가는 국민을 보호하고, 개인의
기본권을 보장해야 한다. 사회 보장과 사회 복지의 증진에 노력
해야 하고, 노인과 청소년의 복지 향상 정책을 실시해야 한다.
지역 경제를 육성해야 할 의무가 있다. 이러한 일 중 어느 하나
라도 삐걱거리면 사회가 정지되고 퇴보할 수도 있다. 이런 시각
에서 당장 급하지 않은 정책은 밀려나기 일쑤다.
　가령, 장애인의 저상버스 이용과 같은 이동권과 사회권 같은
것이다. 장애인 자신이 이동할 권리를 발명하고 이를 법 속으로
포함시키기 위해서는 스스로 이동해서 나와야 했다. 일상에서

아무런 제약 없이 자유롭게 이동하는 일반인은 자신이 인간다운 생활을 할 수 있도록 끊임없이 권리를 요구해왔다. 그 덕분에 현대인의 삶은 보다 나은 방향으로 발전해가고 있다. 그러나 장애인은 일상생활에서 당연히 누려야 할 이동의 자유를 누리지 못해 지독한 불편함과 고독감을 겪어야 했다.

장애인의 70%가 한 달에 5회도 외출하지 못한다는 보건복지부의 조사 결과가 있다. 교통 약자를 위한 이동 편의가 고려되면서 관련법이 제정되어 시행되고 있으나 여전히 교통 약자를 위한 사회의 배려는 미비한 수준에 그치고 있다.

단순히 예산상의 이유와 긴급한 정책의 우선 순위에서 밀려서 사회적 약자에 대한 배려가 없다는 사실은 매우 안타까운 일이다. 무엇보다 이제는 장애인에 대한 배려여서가 아니라 모두가 함께 풀어나가야 할 사회적 책무다. 이 시대를 함께 살아가는 모든 사람이 함께 해결해나가야 할 문제이며, 좀 더 관심을 기울여 비용과 노력을 들인다면 충분히 극복할 수 있는 문제이기도 하다.

일상에서의 작은 불편함조차 분해하고 억울해하면서 조금의 손해도 보지 않으려고 하면서 장애에 대해서는 극복해야 할 것으로 여긴 것은 아닌지 스스로 돌아보게 된다. 나에게는 닥치지 않을 미지의 장애라고 여기고 삶의 모든 부분에서 불편함을 느끼고 차별과 편견 속에서 사는 그들에 대해 비장애인을 기준으로 판단하지는 않았는지 돌이켜보았다.

계단으로 가득한 건물과 지하철, 경사로가 없는 식당, 움직일 수 있는 공간이 없는 거리, 조금 느린 것을 참지 못하는 한국인의 성향, 장애인이지만 장애인이 아닌 것처럼 수화를 쓰지 않고, 노인이지만 청년처럼 행동하고 일하길 바라는 사회 문화가 차별과 편견을 만들어왔다. 건물 앞의 계단이나 좁은 길로 인해 이동하지 못한 환경에 놓인 장애인들은 이제 편의시설을 설치해달라거나 장애인 복지에 관심을 가져달라고 외치지 않는다. 대신에 묶거나 가둬두지 말라고, 무엇을 해달라는 것이 아니라 하지 말라고 말하기 시작했다.

법은 개개인의 구체적인 삶의 이야기를 인간 존엄 보장의 핵심으로 삼는다. 그러나 역설적으로 법은 개인의 존엄을 보호하기 위해 개인의 구체적이며 구구절절한 사연은 삭제한다. 헌법은 고유한 개인성을 바탕으로 존엄하고, 그 존엄성을 보장하기 위해 자유권, 평등권, 인간다운 생활을 할 권리 등이 필요하다고 명시한다.

그러나 하위 법은 헌법 정신을 모두 반영하지 못한 경우가 너무 많다. 법을 만드는 사람들이 자신이 보고 겪은 경험과 주변인의 경험을 기준으로 하는 경우가 태반이기 때문이다. 법이 계속 개정되고, 개정되어야 하는 이유가 여기에 있다.

과거에 무관심하거나 권리로 인정되지 않았던 것들이 우리의 인식과 이성이 확장되어 타인의 고통에 공감하는 마음이 많아지고 있기 때문이다. 법은 법전에 명시되어 있는 것도 중요하지만 법이 만들어질 때, 정신을 되새기는 것이 중요하다.

이제는 일반인을 기준으로 판단하여 문제 해결을 늦출 수 없는 시기가 왔다. 장애인의 이동권은 장애인이 만든 그들만의 용어였지만, 이제는 법 속으로 진입하여 그 존재가 인정받으면서 법을 바꾼 긍정적인 사례다.

잘못된 법이
죄를 만든다

◆　◇

　국민의 기본권을 법률로 제한하는 경우가 있다. 그럴 때는 과잉 금지 원칙에 위반되는지 여부를 판단하기 위해 목적의 정당성, 수단의 적합성, 침해의 최소성, 법익의 균형성을 충족해야 한다.

　목적의 정당성은 기본권을 제한하는 공권력이나 법률의 목적이 헌법과 법률에 합치하고 정당해야 한다. 수단의 적합성은 국민의 기본권을 제한하는 수단은 헌법과 법률에 적합해야 한다. 침해의 최소성은 국민의 기본권을 덜 제한할 수 있는 수단이 있는 경우에는 그 수단을 사용해야 한다. 법익의 균형성은 기본권을 제한함으로써 달성되는 공익과 침해되는 사익을 비교하여

전자가 후자보다 월등해야 한다.

이해하기 쉽게 예를 들어 보자. 2012년 당시 중학교 2학년 학생 한 명이 학교 폭력으로 서면 사과 및 봉사 활동 3일 조치를 받고 관련 내용이 학생부에 기재되자 "관련 지침이 개인정보 자기결정권을 침해한다" 며 헌법소원심판을 청구했다.

그렇다면, 학교 폭력 가해학생이 받은 처벌 내용은 학교생활기록부에 기재하도록 규정한 교육부의 지침에 대해 헌법에 어긋날까?

정답을 미리 말하자면, 헌법에 어긋나지 않는다는 헌법재판소헌재의 판단이 나왔다.

가해자의 기본권 침해보다는 안전한 학교 생활 보장 및 학생보호라는 공익이 더 중요하다는 판단에서다. 해당 지침은 학교폭력 가해자에 대한 조치 사항을 학생부에 입력해야 하며 졸업전까지는 조치 사항에 대한 기록을 보존하도록 규정하고 있다.

헌법재판소는 "학교 폭력 관련 조치 내용을 학생부에 기록하고 보존하는 것은 상급학교 진학 자료로 사용됨으로써 학교 폭력 예방 및 재발을 막는 가장 효과적인 수단" 이라며 "목적의 정당성 및 수단의 적합성이 인정된다" 라고 설명했다. 이어 "안전하고 건전한 학교 생활 보장 및 학생보호라는 공익은 학교 폭력 가해학생이 입는 기본권 제한 정도에 비해 보호 가치가 결코 작지 않다"고 설명했다. 또한, 학생부를 목적 외로 사용하는 행위를 막는 조항도 있기에 기본권 침해의 최소성 원칙에도 어긋나지 않는다고 봤다.

1980년 국보위국가보위입법회의상임위원회에서는 정치 풍토 쇄신을 위한 특별조치법을 만들어 구정치인 등 567명을 규제했다. 또 정당법, 집시법, 사회보호법, 언론기본법, 대통령선거인단법 등 각종 악법을 제정하여 5공 체제의 법률적인 뒷받침을 마련했다. 6개월간 200여 건의 법률안을 의결하였는데, 정치 활동 규제법, 언론 기본법, 노동법 개악 등 국민의 기본권을 침해하고 민주주의의 근본 원리를 부정하는 악법이라 불리는 온갖 법을 쏟아냈다.

심지어 국보위는 제5공화국 헌법에 "국가보위입법회의에서 통과시킨 법률안에 대해선 이의를 제기할 수 없다"라는 내용의 부칙까지 달아서 군부 독재를 확고하게 하였다. 국보위는 맹목적인 복종을 유인했으며 상대적으로 시민 사회와 민주주의가 확보해야 할 투명성, 민주성, 정당성, 형평성, 국민 정서 등은 무시했다.

그러나 이 법들은 1987년 민주항쟁 이후 시간차를 두고 모두

사라졌다. 그리고 과거에 절도 혐의로 처벌받은 전력이 있는 사람이 빵 하나만 다시 훔쳐도 징역 3년 이상의 중형에 처하도록 한 이른바 '장발장법'도 헌법재판소에서 위헌 결정이 나면서 역사 속으로 사라졌다. 즉, 상습 절도라는 범죄 자체가 생계형 범죄인 경우가 많아 구체적인 사건에서 불합리한 판결이 많이 나왔다. 배고픔에 라면 열 개를 훔친 사람이 상습이라는 이유로 징역 3년, 회사 비자금을 50억 횡령한 직원도 같은 징역 3년이라는 징벌이 나왔다면, 죄질과 피해 금액에 따라서 처벌 수위가 정해져야 한다는 합리성에도 크게 위배된다.

법 제도를 보면 사람이 아니라 제도가 악을 저지를 때가 있다. 악은 역사가 흐르고 시민의 의식이 깨어 있으면 점점 사라질 것이라고 믿고 싶다.

시대착오적인 의료
사고 법률에 대한 개선

◆　◇

해마다 수많은 의료 사고가 발생하지만, 환자들이 병원을 상대로 의료 소송을 진행하는 것은 계란으로 바위를 깨는 것처럼 여전히 힘겨운 싸움이다. 역사적으로 의료 행위가 생긴 이후부터 의료 분쟁은 오랜 염원이었다. 현존하는 가장 오래된 법전인 함무라비 법전에도 의료 분쟁에 관한 벌칙 규정이 있다는 기록이 있을 정도다.

의료 사고 피해자가 민사 소송을 제기하려면 고액의 소송 비용과 기나긴 시간이 소요되고 직접 의료 과실이 있음을 입증하기까지 해야 한다. 수년간의 의료 소송으로 인해 심신이 피폐해지고 엄청난 스트레스까지 감당해야 한다. 의료 과실을 스스로 입증하지 못해 패소하면 소송 비용 외에 상대측 소송 비용까지 수천만 원을 물어줘야 한다. 그래서 피해자 중에는 고액의 소송 비용을 감당하지 못해 의료 사고가 확실해 보여도 소송을 포기하는 경우가 비일비재하다.

의사는 환자의 동의와 법적 테두리 안에서 합법적으로 치료에 임한다. 결과가 좋으면 다행이지만, 결과가 나쁘면 분쟁이 일어난다. 이때 환자는 의사를 상대로 형사상 책임과 민사상 손해 배상을 청구한다. 이때, 의료 소송에서 피해를 입증할 책임은 피해를 본 환자에게 있는데, 환자 입장에서 의사에게 과실이 있다는 점과 그 과실로 인해 피해를 보았다는 점을 증명하기가 쉽지 않다.

의사의 과실을 입증할 서류는 모두 병원에 있고, 일반인인 환자가 의료 행위 과정을 제대로 알기는 쉽지 않다. 고도의 전문성을 가진 의료계를 상대로 소송을 진행해 환자가 원하는 성과를 내기 역시 쉽지 않은 일이다. 의사의 과실 유무를 판단하기가 매우 까다롭고, 의료 소송이 지닌 고유의 특성으로 인해 다른 사건에 비해 소송 시간이 길고 비용도 많이 발생한다.

의료가 전문화가 되면서 치료 처방 단계에서 여러 명의 담당자와 여러 진료 과목을 거치면서 환자를 관리하는 데 틈이 생기게 되었다. 먼저, 환자의 안전을 최우선으로 다루는 안전 체계 강화가 시급하다. 무엇보다 환자의 안전을 중시하는 의료 시스템은 국가가 책임져야 한다.

한 연구 결과에 따르면, 우리나라에서 예방 가능한 사망 환자가 연간 2만여 명에 가깝다고 추정했다. 의료 피해를 막을 수 있는 경우도 절반이 넘을 것이라는 보고도 있다. 의료 사고의 원인은 대부분 의료인의 부주의에서 비롯된다는 지적도 잇따른다. 그래서인지 의료 사고 위험성이 높은 외과 계열 의사들이 점점 설 자리를 잃고 있는 것도 사실이다.

병원 측의 잘못으로 환자가 피해를 입었다고 믿는 가족에게 소송과 고소가 이어짐에 따라 의료인이 의료 분쟁 조정을 거부하거나 회부함으로써 일을 더 키우는 결과를 낳기도 한다.

이에 따라 의료 분쟁 조정 제도는 의료 사고에 대한 소송 기간이 길고 비용이 커져 환자와 병원의 고충을 줄이고자 2012년부터 시행됐다. 게다가 「의료 사고 피해 구제 및 의료 분쟁 조정 등에 관한 법률」은 조정 심의 기간이 짧아 신속한 판정과 국가가 보증한다는 조항 등이 생겨 환자와 병원 모두 서로에게 도움이 될 것이라고 기대를 모았다.

그러나 의료 사고 피해자 절반 이상이 이 제도의 혜택을 보지 못했다. 의료 분쟁 조정이 자동으로 개시되지 않는다는 제도의 허점을 병원 측이 악용한 결과다. 환자 측은 더 강하게 분쟁을 이어가면서 감정의 골이 깊어지고 의료인의 고충도 더욱 커지고 말았다. 다양한 경로로 의료 사고가 발생해도 병원 측에서는 인정하지 않고 회피하는 경향이 있다. 모든 병원은 안전사고 공개를 꺼린다. 병원 이미지가 하락하기 때문이다. 그래서 환자의 안전 관리를 개선하기보다는 은폐하고 회피하는 데 급급하다.

2014년 전예강 어린이는 코피를 흘려 응급실에 내원했다가 치료 과정 중에 사망했다. 낮은 헤모글로빈, 저산소증으로 의식을 잃은 아이에게 산소 투여를 제때 하지 못했고, 뇌척수막염 증상이 없는데도 요추천자를 시행함으로써 즉각적인 수혈이 지체되어 의식을 찾지 못해 사망에 이르렀다.

유족과 시민단체는 의료 분쟁 조정 절차 자동 개시 제도의 도입을 요구하는 운동을 하게 되고 이를 계기로 해당 법률 규정이 개정되는 성과를 거두었다. 이런 수많은 노력 끝에 병원 측에서 부동의 또는 무응답이어도 '사망 또는 대통령령으로 정하는 중상해 의료 사고'가 발생한 건만 상대방의 동의 여부와 상관없이 조정 절차가 자동 개시가 되도록 의결되었다. 이에 대해 대한의사협회는 의료분쟁 조정절차 자동개시 제도를 도입하면 조정 신청이 남용되어 과도한 행정적 부담을 껴안게 되고, 의사는 분쟁에 휘말리지 않기 위해 소극적이고 방어적인 진료를 할 수밖에 없다며 반대했다.

그러나 의료분쟁조정법은 의료사고로 인한 피해를 빠르고 공명하게 구제할 수 있으며, 의료인의 안정적인 진료 환경을 조성하기 위해 제정되었다. 의료인과 환자가 서로 조금씩만 양보해 '사망 또는 대통령령이 정하는 중상해 의료사고'만이라도 조정 절차가 자동개시되어 해결책을 마련하는 발판으로 삼는다면 어떨까.

덧붙이자면 전예강 어린이의 사망 원인을 밝힐 증거 자료가 되는 진료 기록이 허위로 기재된 사실이 밝혀짐으로써 논란이 더 커졌다. 당시 해당 병원의 간호사가 진료 기록을 허위로 기록한 행위가 고의가 아닌 실수라면서 무죄 판결이 되면서 여전히 법정 공방 중이다. 이처럼 병원의 진료 기록 관리 불투명성과 의료진의 진료 기록 조작 등으로 다수의 법적 분쟁이 발생하는 경우가 많다.

따라서 국회는 의료기관이 의무 기록의 원본과 수정본 모두 보존하고 필요하면 환자가 열람하거나 사본을 발급받도록 했다. 같은 해 가을, 가수 신해철 씨도 의료 사고로 숨지면서 관련 규정이 바뀌어 「예강이법」 혹은 「신해철법」이라고 불린다. 2018년 9월부터 시행된 진료기록 블랙박스 제도로 인해 환자들은 진료기록을 받기 위해 증거 보전 신청이나 압수수색 영장을 받아야만 했던 번거로움을 덜게 됐다.

의료 분쟁이 발생하는 경우 진료 기록을 조작한 것이 아니냐는 의혹이 종종 제기되지만, 환자 입장에서는 진료 기록의 조작 여부를 판단하거나 조작이 발생했음을 증명하는 것이 어렵고, 반대로 의료기관 입장에서는 진료 기록이 조작되지 않았음을 명확하게 입증하기가 어렵다.

또한, 수술실 내에 CCTV를 설치함으로써 병원이 증거 인멸을 감행할 가능성을 사전에 차단하고 억울한 피해자가 나오지 않도록 해야 한다는 주장도 나오고 있다. 대한의사협회 등은 수술실 CCTV 법제화에 대해 영상 유출로 인한 의사나 환자의 사생활 및 개인정보 침해를 이유로 반대하고 있다. 그러나 영업사원의 수술 참여 사건과 신생아 낙상 사망사고가 연달아 터지면서 수술실 내 CCTV 설치는 꼭 필요하다는 여론이 거세다.

　새롭게 법이 만들어지면 시행 초기부터 사회에 안정적으로 자리를 잡기가 어렵다. 새로운 법이 잡음 없이 자리를 잡는 경우는, 국민 대다수가 그런 법이 있는지조차 모를 정도로 일상에 가까운 법이 아닐 때가 많다. 의료 분쟁에 관한 법률은 환자와 의사 사이에서 분쟁이 발생했을 때, 법적 절차의 간소화와 빠른 합의 유도 등을 통해 양측을 모두 만족시키고 사회 비용을 절감하자는 취지에서 제정되었다. 아직도 의료 관련 법은 뜨거운 감자로 난항을 겪고 있다. 여러 가지 시행착오를 거치면서 양측 모두 보편적인 합의를 끌어내리라 믿는다.

강자에게 더욱더 강한 일수벌금제 적용

◆ ◇

법은 강자 중의 강자다. 그래서 법이 무서운 것이다. 법 테두리 안에서 억울하게 누명을 써도 법에 의지해 법을 찾아내어 진실을 밝혀야 하는데, 법에 무지하다고 해서 법을 회피하면 법의 문제를 해결할 수 없다. 그러므로 모든 사람은 법에 대해 잘 알아야 하고, 법을 악용하여 권력을 휘두르는 사람에게서 자신을 지키고 경각심을 불러일으키도록 해야 한다.

그렇다면, 모두에게 똑같은 법을 똑같이 적용하는 것은 법 앞에 평등한 것일까? 똑같은 잘못에 똑같은 처벌을 하는데, 어떤 사람은 고통을 느끼지만, 어떤 사람은 아무렇지도 않은지 개의치 않아 하는 경우가 있다.

예를 들어, 신호 위반으로 하루치 일당이 날아가는 택시기사와 수십억 원의 계약을 성사시키기 위해 아무렇지도 않게 신호 위반을 하며 달려가는 사업가에게 범칙금은 계약 성사 후의 이익에 비해 푼돈에 불과할 것이다.

이럴 때, 똑같이 범칙금을 부과하는 법이 평등할까? 아니면, 소득 수준에 비례해 차이가 나는 범칙금을 부과해야 할까? 여기에서 약자를 위한 평등에 오류가 발생한다.

우리나라 법은 누구에게나 공평하게 벌금을 매기는 것으로 규정했다. 법 앞에 만인이 평등하므로 처벌도 평등해야 한다는 것이 일반적인 생각이다.

그러나 이상적인 평등 사회라면, 소득에 비례해 평등한 비율로 세금을 내야 한다. 실제로는 일정 이하의 소득자에게는 세금을 면제하고, 소득 비율에 따라 차등을 두면서 누진세를 적용하여 부과해야 한다. 이는 사회 정의와 법 앞에서의 평등을 의미한다.

실제로 유럽의 일부 선진국에서는 벌금형을 경제 여건에 따라 차등 적용한다. 똑같은 범죄를 저지르더라도 재산과 소득이 높으면 더 무거운 벌금을 부과하자는 제도로, '일수벌금제' 라고 한다. 부자에게 더 많은 세금을 내도록 하는 것처럼 벌금도 부자가 더 많이 내는 것이 사회 정의라고 본다. 도로에서 과속주행을 한 노키아 부사장이나 재벌 상속자들은 벌금으로 1억 원 이상을 낸다. 또한, 재산이 1억 원 인 사람이 폭행죄를 저질러 100만 원의 벌금을 받았다면 재산이 100억 원인 사람이 폭행죄를 저질렀으면 1억 원의 벌금을 부과 받는다.

범행의 경중에 따라 일수를 정하고 피고인의 재산 정도를 기준으로 산정한 금액에 일정 비율을 곱해 최종 벌금 액수를 정하는 식이다. 벌금을 소득의 많고 적음에 따라 달리 부과해야 적절한 징벌 효과가 나올 수 있다는 발상에서 나온 제도로 가난한 사람과 부자가 동일한 액수의 벌금이 아닌 동일한 부담을 지자는 취지에서 나왔다. 실제로 핀란드, 스웨덴, 덴마크, 독일, 멕시코, 마카오 등지에서 이 제도를 채용하고 있다.

반면, 우리나라는 빈부 격차에 대한 고려 없이 동일한 범죄에 동일한 벌금을 내는 '총액벌금제'를 채택하여 시행 중이다. 가난한 사람에게 100만 원과 부자에게 100만 원은 그 가치가 다를 수밖에 없는데, 총액벌금제를 시행하는 것은 형식적 평등에 지나지 않는다. 벌금형의 목적은 형벌의 감소인데 고소득자에게 저소득자와 동등한 벌금액을 내린다면 벌금형의 의미가 없다. 그래서 일수벌금제의 도입에 찬성하는 목소리가 높다.

그러나 일수벌금제를 시행 중인 일부 국가들과 달리 우리나라는 월급 생활자 말고는 정확한 소득이 국세청에 잡히지 않아 오히려 고소득 자영업자와 월급 생활자의 불공평성이 야기되는 문제점이 있다. 우선 경제적 능력을 정확하게 파악해야 하는데 월급 생활자보다 자영업자들의 소득을 파악하는 것이 현저하게 어려운 상황 속에서 형평성 문제가 제기될 수 있다. 돈이 많다고 더 무거운 벌을 받는 것은 법치주의의 형평성에도 어긋난다는 점에서 좀 더 논의가 필요한 실정이다.

많은 경제학자는 자본주의가 빈부 차이와 같은 불평등을 완화하여 가난한 사람은 옛날보다 덜 가난하게 하면서 부자를 더 큰 부자로 만들었다고 한다. 자본주의가 그대로 유지된다면 모두에게 골고루 배분되는 일은 없을 것이다. 누군가는 더 많은 이득과 실리를 챙기게 되어 있다.

과거 독재자들은 권력을 유지하기 위해 악법을 만들었다. 현재 권력층은 경제권을 장악하기 위해 악법을 만든다. 그러나 법은 모든 국민을 위해 만들어야 하고 악법은 반드시 수정해야만 한다.

수십 년간 누적되고 축적된 고질적인 사회 문제를 해결할 특효약은 사실 어디에도 없을 것이다. 어떤 정책도 개개인을 만족시킬 수 없다. 다만, 계량적 법의 형평성보다는 우리가 함께 살아가는 공동체로서 사회가 안정적으로 지속 발전할 때, 부자와 가난한 사람 모두에게 도움이 될 수 있다는 관점에서 경제적으로 심각한 불평등을 법의 평등성 안에서 해소해야 하는 것은 당연한 일일 것이다.

정치에는 뻔뻔함이 아니라 부끄러워하는 마음이 필요하다

1982년 성균관대학교 정외과에 지원했다. 그때 왜 지원했느냐는 면접 교수님의 질문에 이렇게 답했다.

"정치政治에서 정은 '다스리는 정 '이 아니라 '바를 정 '이라고 생각합니다. 지금 우리나라는 국민 주권은 없고 권력자의 다스리는 통치만 있을 뿐 올바른 정치가 없습니다. 바른 정치를 실현해보고자 합니다."

1980년 광주민주화운동을 고등학교 2학년 때 경험했다. 국군의 시민 학살에 국가 존재에 의문을 품었고, 참상을 보도하지 않을 뿐 아니라 시위가 간첩의 배후 조종에 의해 발생했다고 몰아가던 언론, 그리고 수많은 생명을 딛고 출범한 전두환 신군부의 5공이 보여준 정치 행태는 올바른 정치를 갈망케 했다.

올바른 정치란, 민주주의 정치를 실행하는 것이다. 민주주의 정치는 링컨 미국 대통령이 게티즈버그 연설에서 말한 '국민의, 국민에 의한, 국민을 위한 정치다. 그리고 국민의 삶을 좋게 만드는 정책을 구체화하는 것이 필요하다.

오랫동안 나를 지켜본 지인들은 내가 '정치에 맞지 않는다'라고 말한다. 아버지는 내 사주가 '사람을 가르치는 직업教師이 맞다'라고 하셨다. 지인들은 '남의 사정을 모두 배려해주는 마음은 정치판에 어울리지 않는다'라고 한다. '착하고, 얼굴이 두껍지 않아서 정치하기 어렵다'라고 한다.

맞는 말이다. 그러나 틀린 말이어야 한다. 정치는 얼굴이 두꺼운 사람이 해서는 안 되는 일이기 때문이다. 정치는 세상을 아름답게 만드는 일, 사람 사는 세상으로 만드는 일이다. 그래서 정치인은 남을 배려할 줄 알아야 하고, 공감 능력이 있어야 하고, 자기 이익보다는 공공의 이익을 위해 일할 수 있는 사람이어야 한다. 정직하고 부끄러움과 염치를 아는, 사람 뻔뻔하지 않은 사람이 정치를 해야 한다.

공자의 정치는 '예禮'에서 시작하여 '예禮'로 끝난다. 플라톤과 아리스토텔레스의 정치는 '자아 완성'으로 도덕·윤리가 기반이 된다. 오늘날 한국 정치에 문제가 있다면 그것은 정치하는 사람들이 염치를 모르기 때문이 아닐까?

지금 필요한 정치인은 부끄러움을 아는 사람이다. 그래야 정치가 발전한다. 그래서 지인들이 어울리지 않는 길이라 하지만 나는 오늘도 이 길을 가고 있다.

3장

공정성과
공공성의
가치

누구는 되고, 누구는 안 되는 법의 잣대

모든 국민이 법 앞에 평등하지 않다는 것은 이제 초등학생도 안다. 헌법 제11조를 보면 "모든 국민은 법 앞에 평등하다"라고 명시되어 있으나, 현행 재판이나 수사 과정을 보면 공평하고 평등하게 취급되지 않는 것 같다.

누구는 되고 누구는 안 되는 법의 잣대가 적용되어 누구는 소환 자체를 하지 못하고, 장자연 사건과 관련된 통화 내역을 조회하는 데도 1년 치 전체를 뽑는 것이 관례지만, 기간이 한정되거나 아예 조사조차 못하는 것이 현 실정이었다. 장 씨의 통화 내역 원본도, 분석본도 제대로 남아 있지 않아서 드라마에서나 나올 법한 일이 현실에서 일어난 것이다.

어떤 사건이든 공소시효라는 것이 있는데, 공무원 관련 범죄는 시효가 7년으로 다른 사건에 비해 매우 짧다. 다른 사람의 죄를 찾아 처벌하는 기관이 검찰인데, 검사가 불법을 저지르면 '가재는 게 편'이라고, 통제할 방법이 어렵다.

장자연 리스트가 공개되었을 때 처벌되는 검사가 아무도 없었다는 것은 실로 통탄할 일이며 부끄러운 현주소이기도 하다. 장자연 리스트 사건, 김학의 성범죄 사건, 버닝썬 사건을 통칭하는 이른바 '장학썬 사건' 중에서 유일하게 구속된 법무부 차관 김학의와 윤중천 건설업자는 여전히 자신의 혐의를 부인하고 있다. 사건의 가해자들은 혐의가 드러났는데도 모두 빠져나가고 피해자만 남아 있는 상황이다.

그 사건들로 인해 엔터테인먼트, 언론, 법을 망라한 성범죄가 한국 사회에 뿌리박혀 있음이 온 천하에 드러났는데 가해자는 타격을 받지도 않고 일상으로 돌아가고, 피해자는 자살이나 병원으로 가는 게 정상적인 결론인지 묻고 싶다.

1988년 탈주범 지강헌이 "유전무죄! 무전유죄!"라고 세상을 향해 외친 울부짖음은 이제 세상을 조롱하는 칼날이 되었고 그 이후에도 세상은 여전히 변하지 않았다. 헌법과 법률의 정신은 재벌이든 권력가든 일반 시민에게든 똑같은 무게와 공평한 대접으로 이어져야 한다. 그런데 실제 사건이 일어나서 결과를 보면 권력자들은 수사 단계에서부터 특권을 누리고 특혜를 받는다. 더구나 민생 범죄를 처벌할 때는 단호하기가 이를 데가 없는데, 죄질이 더 무거운 기업 비리나 경제 사범의 처벌은 느슨하게 처벌하는 일이 많아 법원의 이중 잣대야말로 비판받아야 할 '유전무죄, 무전유죄' 다.

우리나라에는 견제받지 않는 특권 계층이 있다. 그들 앞에서는 모든 국민이 법 앞에 평등하다는 숭고한 헌법 조항이 휴짓조각에 불과하다. 법 위에 군림하고자 했던 최고 권력자 박근혜는 탄핵 이후 감옥에 있다. 그리고 그의 추종 세력은 국민 투표로 정권을 잃었다. 박근혜를 돕던 재벌도 법의 심판대에 섰다. 이렇게 정치 권력, 경제 권력은 법의 심판대에 서보기라도 했는데, 오직 언론과 검찰 권력은 법망을 유유히 빠져나갔다.

장자연 성접대 문건, 성범죄와 마약, 연예인과 경찰의 유착, 탈세 등의 버닝썬 사건에서 많은 범죄가 드러났고, 국민청원이 이어져 국민들을 경악하게 하고 분노하게 하였음에도 법 조항은 갈 곳을 잃고, 정의는 사라졌다. 경찰은 경찰을 잡지 못하고, 검찰은 검찰의 목을 칠 수 없으니 이들을 견제할 조직이 없는 한, 법 위에 군림하는 특권 계층을 아무도 막을 수 없을 것이다.

촛불 혁명을 이뤄낸 국민과 현 정부에게 개혁 대상 1호였던 검찰을 견제하려면 강력한 도구가 필요하다. 바로 '고위공직자범죄수사처' 다. 검찰이 독점하고 있는 고위공직자에 대한 수사권, 기소권, 공소유지권을 이양해 검찰의 정치 권력화를 막고 독립성을 제고하고자 하는 취지로 도입이 시급하다. 이제 아무도 법 위에서 군림할 수 없도록 끌어내리고 견제하고 컨트롤해야 한다.

유죄 vs 무죄

박근혜 전 대통령 '국정농단' 1·2심 판단 비교

1심 선고: 징역 24년, 벌금 180억원 → 2심 선고: 징역 25년, 벌금 200억원
'특활비·공천개입' 1심 징역 8년, 벌금 33억 선고

공소사실	적용 혐의	1심	2심
1 대기업에 미르·K스포츠재단 774억원 출연금 강요	직권남용 권리행사방해	유죄	일부유죄, 일부무죄 (이유)
	강요	유죄	
2 롯데 그룹에 K스포츠재단 70억원 추가 출연 요구	특가법상 제3자 뇌물수수	유죄	무죄
	직권남용 권리행사방해	유죄	일부유죄, 일부무죄
	강요	유죄	
3 SK그룹에 K스포츠재단 등에 89억원 추가 출연 요구	특가법상 제3자 뇌물수수	유죄	무죄
삼성그룹에서 433억2,800만원 뇌물 약속 (실제 수수금액 298억 2,535만원) 4 정유라 승마지원 명목 213억원 약속 (실제 수수금액 77억9,735만원)	특가법상 뇌물수수	일부유죄, 일부무죄	일부유죄, 일부무죄 (이유)
5 미르·K스포츠재단 출연금 204억원	특가법상 제3자 뇌물수수	무죄	일부유죄, 일부무죄 (이유)
6 한국동계스포츠 영재센터 16억 2,800만원 지원	특가법상 제3자 뇌물수수	무죄	일부유죄, 일부무죄 (이유)
	직권남용 권리행사방해	유죄	유죄
	강요	유죄	유죄
현대차 그룹 7 최순실씨 지인 회사 KD코퍼레이션 11억원대 납품계약 압력	직권남용 권리행사방해	유죄	일부유죄, 일부무죄
	강요	유죄	
8 최씨 운영 플레이그라운드와 71억원 광고 계약 압력	직권남용 권리행사방해	무죄	(이유) 무죄
	강요	일부유죄, 일부무죄	일부유죄, 일부무죄 (이유)
9 KT에 최씨 측근 채용 및 플레이그라운드 68억원 광고 계약 압박	직권남용 권리행사방해	무죄	(이유) 무죄
	강요	유죄	유죄
10 포스코 그룹 펜싱팀 창단 요구 등	직권남용 권리행사방해	유죄	무죄
	강요	유죄	강요미수 인정
11 GKL 장애인 펜싱팀 창단 개입 및 에이전트 계약 요구	직권남용 권리행사방해	유죄	유죄
	강요	유죄	유죄
12 예술위 책임심의위원 부당 개입	직권남용 권리행사방해	유죄	일부 유죄, 일부 무죄 (이유)
	강요	무죄	(이유) 무죄
문화예술계 지원 배제 명단 (블랙리스트) 13 문예기금 지원심의 등 부당 개입	직권남용 권리행사방해	일부유죄, 일부무죄	일부 유죄, 일부 무죄 (이유)
	강요	일부유죄, 일부무죄	
14 영화, 도서 관련 지원 배제	직권남용 권리행사방해	유죄	유죄
	강요	유죄	유죄
15 노태강 전 국장 및 문체부 1급 공무원에 대한 사직 요구	직권남용 권리행사방해	유죄	유죄
	강요	유죄	유죄
16 최씨 측근 이상화 전 KEB 하나은행 본부장 승진 청탁	직권남용 권리행사방해	무죄	(이유) 무죄
	강요	유죄	
17 정호성 전 청와대 부속비서관의 기밀 문건 유출 공모	공무상 비밀 누설	일부유죄, 일부무죄	일부유죄, 일부무죄 (항소기각)
18 CJ그룹 이미경 부회장 퇴진 요구	강요미수	유죄	유죄

2016년 박근혜 정부의 국정 농단 사태와 관련해 '직권남용 권리행사방해죄직권남용' 혐의로 기소된 26명에 대한 범죄사실 97건 중 28건이 2심에서 무죄 판결을 받았다. 〈매일경제〉가 국정농단 사건 직권남용 혐의 피고인 26명의 1·2심 판결문을 전수 분석하자, 무죄율이 29%에 달했다고 집계했다. 무죄율이 높은 수준으로 나오자 검찰이 무리하게 수사했다는 반응과 함께 무더기 구속영장 발부를 압박한 탓이 아니냐는 의견이 지배적이었다.

또한, 1심과 2심 재판부의 판단이 유·무죄와 관련하여 정반대의 판결이 나오면서 재판부가 정치적으로 눈치를 보거나 여론을 의식한 것이 아니냐는 지적이 나왔다.

헌정 사상 처음으로 탄핵당한 박근혜 전 대통령은 징역 25년이라는 중형이 선고되었고, 벌금 200억 원이 부과되었다. 현행 법상 유기징역은 최대 30년까지 선고할 수 있다. 그런 점에서 사실상 최대치의 형량이며, 원심의 징역 24년보다 1년이 늘어나기까지 했다. 1심에서 무죄 판단을 받았던 삼성의 동계스포츠영재센터 후원금이 뇌물로 인정됐기 때문이다. 국가정보원 특수활동비 수수 등 다른 혐의로도 추가 기소됨에 따라 실제로 형기를 마친다면 98세가 되어야 만기 출소할 수 있다.

'비선 실세' 최순실에게는 1심과 같은 징역 20년을 선고했다. 다만 벌금은 박 전 대통령과 같은 200억 원으로 늘고 추징금은 70억5,281만 원으로 다소 줄어들었다.

박근혜의 형량이 살인죄에 버금가는 최대치로 선고된 이유는 고위 공무원의 뇌물수수 범죄는 엄격하게 처벌받기 때문이다. 공무원이 자신의 직무와 관련해 받은 뇌물은 일반인인 최 씨의 뇌물보다 더욱 죄질이 나쁘다. 특정범죄가중처벌법상 뇌물 수수액이 1억 원 이상이면 무기징역 또는 10년 이상의 징역형에 처하도록 규정했다. 재판부가 인정한 뇌물액은 240억 원이 넘는다. 법원이 이런 양형 기준과 막대한 뇌물액, 사안의 중대성 등을 고려해 중형을 선고했다고 분석된다.

특히, 박근혜 대통령은 재판을 보이콧하며 사법 절차를 무시하는 모습까지 보이며 1심과 2심 모두 출석하지 않았다. 여기에 국정 농단 사태의 주범으로 지목되고, 국가를 혼란에 빠트린 점 등이 더욱 불리한 요소가 됐다.

박근혜 대통령은 2013년 국민투표로 제18대 대한민국 대통령으로 선출되었으나, 국민에게 위임받은 대통령의 직무 권한을 개인화하여 국정을 농단하고 헌법의 가치를 훼손하여 2017년에 탄핵당했다. 국민이 아니라 재벌과 유착하여 은밀하게 만나 비선 실세 최순실에게 경제적 이익을 제공할 것을 요구하고 개인의 욕구를 충족하기 위한 전유물로 전락시키기까지 했다.

또한, 자신의 의견에 동조하는지 여부에 따라 문화예술계 종사자들을 '블랙' 과 '화이트' 로 편을 가르기까지 했다. 정권에 비판적이면 불이익을 줄 목적으로 블랙리스트를 작성하고, 정권에 우호적인 보수단체는 불법적으로 지원하기 위해 화이트리스트를 작성했다. 블랙리스트에는 9,473명의 명단이 올라와 있으며, 특검의 조사 과정 중 김기춘 전 대통령 비서실장과 조윤선 전 문화체육관광부 장관 등이 구속 기소되었다.

당시 박근혜 정권과 박정희 전 대통령을 부정적으로 묘사하거나 비판하는 경우와 야당 문재인 대표를 지지하는 경우에는 블랙리스트로 작성되어 고의로 지원에서 배제되었다. 연극, 무용, 미술, 문학 등과 같은 순수 예술은 국가의 지원 없이 발전하기 어렵다.

블랙리스트 사태는 단순히 예술가의 표현의 자유를 억압한 것에서 끝난 것이 아니다. 문화예술계의 양극화를 심화시키고 자유로운 창작 활동을 위축시켰으며, 이를 정치 수단으로 삼아 자신들의 입맛에 맞게 좌지우지하고 민주주의의 정신을 후퇴

시킨 것이다. 블랙리스트를 작성한 본인들이야말로 역사의 블랙리스트에 등재될 것이다.

다음은 재판대에 선 박근혜 전 대통령에 대한 검찰의 구형 의견의 일부다.

"피고인은 국정 농단의 정점에 있는 최종 책임자다. 국가원수이자 행정부의 수반으로 국정 운영 총괄의 책임이 있던 피고인은 국정을 한 번도 관여한 적 없는 최순실에게 맡겨 국가 위기 사태를 초래한 장본인이다.

우리 국민은 반칙과 특권이 아니라 구성원이 규칙을 준수하면서 실력으로 성공한 사람이 존경받고, 대통령이 제왕적 권한을 행사하면서 국민의 사상과 문화, 성향에 관여하는 것이 아니라 각자 영향력의 균등한 발휘가 보장되고 행복한 삶을 영위하는 진정 자유롭고 평등하며 정의로운 대한민국을 꿈꿨다.

피고인은 국민의 이런 간절한 희망과 꿈을 송두리째 앗아갔다. 이 사건은 대한민국에 씻을 수 없는 상처로 기록되겠지만, 한편으로는 국민의 힘으로 민주주의와 법치주의를 바로 세울 수 있었다. 하루빨리 과거의 아픔을 치유하고 심각하게 훼손된 헌법 가치의 재확립을 위해 죄에 상응하는 엄중한 책임을 물어야 한다."

국정농단 관련 직권남용 혐의에 대한 법원 판단

피고인	사건	범죄 사실	1심	2심	3심
김기춘	블랙리스트	노태강 문체부 국장 사직 강요	유죄	유죄	
		문체부 1급 공무원 사직 강요	무죄	유죄	
		예술위 책임심의위원 선정 개입	유죄	유죄	
		문예기금 지원사업 배제	유죄	유죄	
		영진위 영화기금 사업 지원 배제	유죄	유죄	
		우수도서 선정보급 사업 배제	유죄	유죄	
	화이트리스트	전경련 통해 보수단체 지원	무죄	유죄	
		문예기금 지원사업 배제	무죄	유죄	
조윤선	블랙리스트	영진위 영화기금 사업 지원 배제	무죄	유죄	
		우수도서 선정보급 사업 배제	무죄	유죄	
	화이트리스트	전경련 통해 보수단체 지원	무죄	유죄	
김상률	블랙리스트	노태강 문체부 국장 사직 강요	유죄	유죄	
		문예기금 지원사업 배제	유죄	유죄	
		영진위 영화기금 사업 지원 배제	유죄	유죄	
		우수도서 선정보급 사업 배제	유죄	유죄	
김소영	블랙리스트	예술위 책임심의위원 선정 개입	유죄	유죄	
		문예기금 지원사업 배제	유죄	유죄	
		영진위 영화기금 사업 지원 배제	유죄	유죄	
		우수도서 선정보급 사업 배제	유죄	유죄	
김종덕	블랙리스트	노태강 문체부 국장 사직 강요	유죄	유죄	
		문체부 1급 공무원 사직 강요	무죄	유죄	
		문예기금 지원사업 배제	유죄	유죄	
		영진위 영화기금 사업 지원 배제	유죄	유죄	
		우수도서 선정보급 사업 배제	유죄	유죄	
정관주	블랙리스트	문예기금 지원사업 배제	유죄	유죄	
		영진위 영화기금 사업 지원 배제	무죄	유죄	
		우수도서 선정보급 사업 배제	무죄	유죄	
	화이트리스트	전경련 통해 보수단체 지원	무죄	유죄	
신동철	블랙리스트	예술위 책임심의위원 선정 개입	유죄	유죄	
		문예기금 지원사업 배제	유죄	유죄	
		영진위 영화기금 사업 지원 배제	무죄	유죄	
		우수도서 선정보급 사업 배제	무죄	유죄	
	화이트리스트	전경련 통해 보수단체 지원	무죄	유죄	
허현준	화이트리스트	전경련 통해 보수단체 지원	무죄	유죄	
박준우	화이트리스트	전경련 통해 보수단체 지원	무죄	유죄	
현기환	화이트리스트	전경련 통해 보수단체 지원	무죄	유죄	
오도성	화이트리스트	전경련 통해 보수단체 지원	무죄	유죄	계류
문형표	삼성물산 합병	합병 안건 찬성 요청	유죄	유죄	
우병우	국정농단 방조	문체부 국·과장 및 감사원관 좌천성 인사	무죄		
		K스포츠클럽 현장실사	무죄		
	불법 사찰	이석수 감찰관 관련 정보 수집 및 보고서 작성	유죄		
		고영태 정보 수집 및 보고서 작성	무죄		
		블랙리스트 단체 정보 수집 및 보고서 작성	유죄	계류	
		국정원 직원에게 보고서 작성 및 보고 지시	무죄		
		문체부 공무원 사찰	무죄		
		김진선 전 평창동계올림픽 위원장 사찰	무죄		
		한국과학기술단체총연합회 사찰	무죄		
차은택	미르·K스포츠재단	KT 상대 광고주	무죄	무죄	
장시호	미르·K스포츠재단	삼성 상대 영재센터 출연	유죄	유죄	
		GKL 상대 에이전트 계약	유죄	유죄	
김종	미르·K스포츠재단	GKL 상대 영재센터 출연	무죄	무죄	
		GKL 상대 에이전트 계약	유죄	유죄	
		GKL 상대 영재센터 출연	유죄	유죄	
		체육인재육성단 해외연수 위탁기관 선정	유죄	유죄	
최순실	미르·K스포츠재단	전경련 및 16개 그룹 상대 재단 출연	유죄	유죄	
		현대차 상대 KD코퍼레이션 납품 계약	유죄	유죄	
		현대차 상대 플레이그라운드 광고 수주	무죄	무죄	
		롯데 상대 K스포츠재단 출연	무죄	무죄	
		포스코 상대 펜싱팀 창단	무죄	무죄	
		KT 상대 광고 수주	무죄	무죄	
		삼성 상대 영재센터 출연	유죄	유죄	
		GKL 상대 에이전트 계약	유죄	유죄	
		GKL 상대 영재센터 출연	유죄	유죄	
		하나은행 본부장 임명	무죄	무죄	
안종범	미르·K스포츠재단	전경련 및 16개 그룹 상대 재단 출연	유죄	유죄	
		현대차 상대 KD코퍼레이션 납품 계약	무죄	무죄	
		현대차 상대 플레이그라운드 광고 수주	무죄	무죄	
		롯데 상대 K스포츠재단 출연	무죄	무죄	
		포스코 상대 펜싱팀 창단	무죄	무죄	
		KT 상대 광고 수주	무죄	무죄	
		GKL 상대 에이전트 계약	유죄	무죄	
남재준	국정원 수사 방해	중요 서류 비닉조치 지시	유죄	무죄	무죄
서천호	국정원 수사 방해	중요 서류 비닉조치 지시	유죄	무죄	무죄
고일현	국정원 수사 방해	중요 서류 비닉조치 지시	유죄	무죄	무죄
문정욱	국정원 수사 방해	삼성·SK에 보수단체 지원 요청	유죄	무죄	무죄
장호증	국정원 수사 방해	중요 서류 비닉조치 지시	유죄	무죄	무죄
이제영	국정원 수사 방해	중요 서류 비닉조치 지시	유죄	무죄	무죄
하경준	국정원 수사 방해	중요 서류 비닉조치 지시	유죄	무죄	무죄

출처: 매일경제 2019.5.28.

무 유
죄 죄
VS

◆　◇

이재용 삼성전자 부회장 1·2심 선고 결과 비교

이재용　　　문형표

혐의	공소사실		1심 선고	2심 선고	2심 선고
뇌물 공여	승마 지원	213억원 약속	무죄	무죄	"문형표, 박근혜 전 대통령이 2015년 6월 말 합병 안건에 대한 국민연금공단 의결권 행사 문제 잘 챙겨보라'고 지시했음을 인지했다."
		77억 9735만원	72억9427만원 (용역대금, 마필과 부대비용) 직접뇌물 유죄	36억3484만원(용역대금)·가액을 산정하기 어려운 마필과 차량 사용이익 직접뇌물 유죄	
	한국동계스포츠영재센터 후원 16억2800만원		제3자 뇌물 유죄	제3자 뇌물 무죄	
	미르·K스포츠재단 출연 204억원		무죄	제3자·직접뇌물 무죄	
횡령	뇌물 제공하려고 삼성 계열사 자금 횡령		80억9095만원 (용역대금, 비타나·라우싱 구매대금, 동계영재센터) 유죄	36억3484만원 (용역대금) 유죄	
재산 국외도피	코어스포츠 독일 KEB하나은행 계좌 송금 36억3484만원		유죄	무죄	
	삼성전자 독일 KEB하나은행 계좌 송금 42억5946만원		무죄	무죄	
범죄수익 은닉	횡령해 뇌물 주면서도 정상적 용역계약으로 가장		64억6295만원 (용역대금, 비타나·라우싱 구매대금) 유죄	36억3484만원 (용역대금) 유죄	
	언론 노출 우려되자 허위의 말 매매계약서 작성		유죄	무죄	
국회 위증	"2015년 7월 독대 때 박근혜 전 대통령에게서 '기부해달라'는 말 들은 기억 없다."		유죄	무죄	
	"최순실·정유라 몰랐고, 승마 지원 보고받지 않았다."		유죄	유죄	

116

이재용 삼성 부회장 뇌물 공여 사건은 이 부회장이 자신의 경영권을 승계하는 과정에서 도움을 받을 목적으로 삼성전자 등 계열사의 회사 자금을 횡령하여 박근혜 전 대통령과 최순실에게 뇌물을 준 사건이다. 그 과정에서 외환거래법을 위반했고 삼성전자의 자금을 국외로 반출하여 뇌물 공여, 횡령과 범죄 수익은닉, 국회 위증 등의 혐의로 기소된 사건이다.

이로 인해 이 부회장에게 적용된 혐의는 뇌물 공여, 재산국외도피, 범죄 수익 은닉, 업무상 횡령, 국회 위증 등 다섯 가지다. 여기에서 뇌물 공여는 미르와 K스포츠재단, 동계스포츠영재센터, 승마 지원 등 세 가지다.

1심 재판부는 미르와 K스포츠재단에 출연한 204억 원에 대해서는 유죄, 영재센터 지원금 16억 원 유죄, 승마 지원을 위한 72억 원을 유죄로 인정하고 횡령 및 범죄 수익 은닉, 재산국외 도피, 국회 위증 등도 유죄를 선고했다.

그러나 2심 항소심 재판에서는 이 부회장에게 징역 2년 6월에 집행유예 4년을 선고하고, 이 사건으로 구속 중이던 다른 3명모두 징역에서 집행유예를 선고해 모두 교도소를 유유히 빠져나가 집으로 돌아갔다. 사실상 박근혜 전 대통령과 최순실을 가해자로, 이 부회장은 피해자로 규정한 것이다. 뇌물 공여는 50

억 원이 넘으면 형량에 차이가 난다. 승마 지원에 대해서 1심에서 72억 원을 뇌물로 인정했지만, 항소심에서 36억 원만 유죄로 인정하면서 충격 그 자체인 결과를 가져왔다.

뇌물은 대가성이 있어야 인정이 되는데, 이 부회장이 경영권 승계 작업이라는 현안이 존재하지 않음으로써 그 대가성이 무엇인지 모순에 빠진 것이다. 어떤 대가에 따라 뇌물죄가 성립되는지 구체적으로 밝혀지지 않아 논란의 소지가 많았고, 이 때문에 항소심에서 무죄를 받게 된 것이다. 판결로 봐서는 이 부회장은 사실상 재산을 강탈당한 피해자로 박근혜-최순실이 공모하여 적극적으로 요구하자 거절하기가 어려웠고 수동적으로 응할 수밖에 없었다는 점이 형량을 줄이는 데 참작되었다.

재판부는 뇌물 공여 3개 부분을 줄여 36억 원만 인정했지만, 경영권 승계를 앞둔 대한민국 최대 재벌이 아무런 대가도 없이 300억 원 이상의 돈을 갖다바쳤을까? 이 부회장은 삼성물산과 제일모직의 합병과 관련하여 제일물산 주식을 한 주라도 많은 삼성물산 주식과 맞바꿔 이득을 취하려 했다. 결국 경영권을 강화하고 경제적 이득도 얻었다.

이렇게 명백하게 밝혀지는 이익이 있었음에도 항소심 재판부는 대부분의 뇌물 혐의를 무죄로 판결했다. 이렇게 된 이유는 무엇일까? 상황을 이렇게 몰아간 재판장을 비롯해 3인의 판사와 이재용 변호인단에 대해 의문이 드는 것은 어쩌면 당연한 일이다.

이재용 부회장을 변호한 변호인단은 삼성그룹의 변호사단으로 대형 로펌과 비교했을 때 국내 4위권에 육박하는 규모이며, 해외 변호사까지 포함하면 국내 2위의 대형 로펌 수준이다. 삼성에 이렇게 변호사가 많은 이유는 비용 1%만 변호사에 투자하면 회사 손실 10%를 예방할 수 있기 때문이라고 한다. 삼성 변호인단의 경력을 보면 화려함 그 자체다. 잘나가던 판·검사 출신은 물론이고 대법관 출신이 있어 삼성이 전관을 방패막이로 삼고 있다는 의혹을 피할 수 없게 되었다.

이번 집행유예 판결은 삼성 법무팀의 힘과 직결된 결과물로 해석할 수 있다. 또한, 전관예우라는 논란이 거세기도 했는데, 상고심에 전 대법관 출신인 차한성 변호사가 사건을 수임한 것이다. 비난이 빗발치면서 사임했으나, 당시 대법관 13명 중 6명의 대법관이 차 변호사와 함께 대법관에서 근무했거나 학연으로 맺어진 관계였다.

시대의 흐름에 역행하였으며, 국민의 법 감정과 상식을 무시한 전관예우 논란은 판결의 공정성과 신뢰성 확보를 위해서라도 매우 부적절했다. 그런데도 '대법관 출신이라는 이유만으로 변호사 개업을 막는 것은 지나치다' 며 개인 직업의 자유라며 형평성에 어긋난다는 의견도 있다.

이런 논란으로 재판 결과가 '유전무죄' 로 이어질 것이 당연했다. 사실상 삼성은 언론까지 장악하면서 삼성과 관련한 부정적인 내용의 기사나 관련된 기사가 언론에서 잘 다뤄지지 않았다. 언론이 사실상 삼성을 비롯한 자본 권력과 유착된 것은 이미 알려진 사실이긴 하다. 작금의 언론의 현실이니 안타깝기 그지없다. 신뢰를 회복하기 위해 그간의 과오를 밝히기는커녕 부적절한 유착은 없었다며 은폐하는 것은 시대의 흐름에 역행하는 것이라고 할 수 있다.

이번 사태로 인해 정경유착의 검은 그림자가 명백하게 드러났고, 재벌에게 경제력이 집중된 현상을 해소하지 않고서는 정경유착을 근절하기가 어렵다는 인식이 광범위하게 퍼졌다. 정치인들이 매번 공약으로 재벌 개혁과 경제 민주화를 주장하지만, 실질적으로 개혁이 추진되지는 않는 실정이다. 무엇보다 중요한 것은 우리가 만족하고 스스로 자랑스러운 사회를 만드는 것이다. 결국 국민의 손에 달렸다.

시간을 거꾸로 돌리려 했던 법조인들

　헌법이 추구하고 지향하는 가치를 모두 실현하고, 국민이 안전하고 자유로우며 행복한 삶을 이어갈 수 있도록, 우리 사회가 오늘에 이르기까지 보이지 않는 곳에서 피땀을 흘린 정의로웠던 변호사들의 역할이 매우 컸다.

　일제 강점기에서 민족 변호사들의 변론 활동은 독립운동 그 자체라고 할 수 있다. 해방 이후 독재 시대에 법과 정의가 무너졌을 때도 민주주의에 대한 강한 열정으로 당당히 독재에 맞서고 억울한 사람들을 앞장서서 변호하여 이 땅에 정의가 있음을 보여주었다. 유신 시대를 거치면서 조직적으로 인권 변론을 하면서 사회 발전과 정치에 맞선 변호사들이 있었기에 현재 우리나라 민주주의가 살아 숨 쉬고 있다.

그 암흑의 시기에 약자들의 인권을 변호하는 데 앞장섰기에 인권 변호사라고 불렸다. 정작 그들은 기본적 인권을 옹호하고 사회 정의를 실현하는 것이 기본 사명이기 때문에 인권 변호사라는 호칭을 달가워하지 않았다는 후문이다. 그런데도 이런 별도의 호칭이 생겼다는 것은 그만큼 법이 법답지 않았다는 것이고, 무법천지에서 침묵하는 사람들이 있었다는 것을 뜻하기에 더욱 의미 있다. 자신의 입신양명보다 변호사의 본분에 충실했고 열정적이었던 이들은 민주주의 밀알이 되었다.

법의 정신과 가치, 사회적 정의와 직업적 헌신, 민주주의와 새 지평을 연 정의로운 변호사들이 있었기에 한국 민주주의가 꽃을 피웠다. 많은 법조인이 이 땅에 정의를 세우기 위해 피땀을 흘렸다. 그들의 치열한 삶과 열정, 법정 투쟁에 관한 이야기를 하자면 책 한 권으로도 부족할 지경이다. 다음에는 내게 법과 정의에 관해 눈을 뜨게 해준 존경하는 세 분의 법조인에 대해 간략히 소개하고자 한다.

1) 권력 앞에서도 소신을 지킨 참다운 법조인 '김병로'

김병로는 유교적인 소양을 쌓으며 성리학을 배우다가 을사늑약이 체결되던 1905년에 최익현의 열변에 감화되어 의병부대에 합류하여 의병 활동을 했다. 부적술과 오행술법을 연마하여 총알을 피하는 부적을 쓰는 일을 맡다가 적의 신식 총에 사람들이 힘 한 번 쓰지 못하는 것을 보고 그 일을 그만둔다. 그 후 미신과 봉건적 폐습을 철저히 배격하며 시대를 한발 앞선 근대인으로 환골탈태한다.

김병로는 일본에서 법학을 공부하며 교수로부터 일본 변호사 시험 응시를 권유받았지만, 조선인에게는 허락되지 않았던 일이었다. 1915년에 귀국하여 법학과의 교수이자 조선변호사협회 회장직을 맡다가 법학자 활동을 인정받으면서 항일 변호사가 되기 위해 판사에 임용되었다가 사직한다. 일제의 박해를 받아 비참한 질곡에 신음하는 동포들에게 도움을 주기 위해 변호사로서 수많은 독립운동 관련 사건을 무료로 변론하면서 인권 변호사로 활약하고, 사회운동으로 독립운동에 공헌했다.

독립 후 헌법이 만들어지고 대한민국 정부가 수립되자 김병로는 법조인으로서 실력과 성품을 인정받아 대한민국의 첫 번째 대법원장이 됐다. 그는 이승만 전 대통령이 법에 어긋나는 일을 요구할 때마다 "사법기관에 불법 행위에 대한 판단을 요구해온다면 용서 없이 법대로 판단하겠다", "절차를 밟아 개정된 법률이라도 그 내용이 헌법 정신에 어긋나면 국민은 입법부의 반성을 요구할 권리가 있다"라고 비판하며 사법부의 독립을 지키려 했다.

일평생 사법의 기초를 다졌고, 법전뿐 아니라 3심 제도와 법복에 이르기까지 사법 행정의 제반사를 정했다. 이승만 정부의 압력과 간섭에 맞서 사법부 독립과 권위를 지켜냈으며, 청렴 강직한 법조인의 삶을 온몸으로 실천한 법조인의 모범적인 표상으로 평가받는다.

2) 소외당하고 억압받는 여성들을 위한 제1의 여성 변호사 '이태영'

이태영은 "아들이든 딸이든 공부만 잘하면 대학에 보내주겠다"라는 어머니의 말씀에 용기를 얻어 어린 시절부터 변호사의 꿈을 키워온 이태영은 한 손엔 가사책을, 한 손엔 법전을 들고 다니며 법조인의 꿈을 키우며 이화여전을 수석 졸업한다. 독립운동가인 남편 정일형의 응원으로 33세 세 아이의 엄마인 이태영은 서울대학교 법학과에 입학하고 6·25 피난길을 가면서도 법률 공부를 계속하여 사법고시에 합격한다.

당시 이승만 대통령이 야당 의원 정일형의 아내라는 것을 트집 잡아 판사 임용을 거부하여 우리나라 최초의 여성 판사가 되지 못하고, 변호사이자 사회운동가로 활발히 활동하였다.

당시에는 남존여비 사상이 강했고, 남자가 첩을 두는 것을 당연시하고 30년 조강지처를 헌신짝처럼 버리기도 했다. 여성 변호사이자 야당 국회의원의 아내라는 이미지 때문에, 억울하고 기구한 삶을 사는 여성들이 주로 찾아왔다. 이태영의 존재는 인내와 복종을 미덕으로 여기는 관습 속에서 평생 숨죽여 살아온 한 맺힌 여성들의 숨통이자 기폭제가 되었다.

이태영은 여성을 변호하면서 법률이 남성에게 유리하게 되어 있다는 것을 알고서 불평등한 법 개정에 혼신의 힘을 다했다. 이러한 노력으로 여성의 재산 분할 청구권 및 자녀에 대한 친권 행사, 친족 범위 확대 등 세 차례에 걸쳐 여성에게 불평등한 가족법이 개정되었다. 또한, 남성 가장을 중심으로 가족 구성원의 출생, 혼인, 사망 등을 기록하고 남성만이 가구를 이룰 수 있도록 했던 불평등한 제도를 폐지하는 데 앞장섰다.

가정과 소년에 관한 사건을 전문적으로 처리할 수 있도록 가정 법원의 설치를 주장하면서 사회적 약자를 비롯하여 많은 사람의 권리를 지켜주고자 했다. 이태영은 민주화운동과 인권 운동에도 적극적으로 참여했다.

독재 정권에 저항하다가 구속된 사람들을 위해 무료 변호를 하고, 시민단체를 결성하는 데도 참여했다. 독립운동가에서 청렴한 야당 정치인으로 살아간 남편 정일형과 가족법 개정과 여성 인권에 평생을 바친 이태영, 이들 부부가 함께 걸어간 민주화 투쟁의 길은 한 편의 법정 드라마처럼, 역사 영화처럼 파란만장했다.

3) 작은 문제 속에서도 역사와 사회에 큰 울림을 준 '조영래'

조영래는 서울대 법대에 수석 입학하여 재학 중 한일 기본조약 반대, 부정선거 규탄, 3선 개헌 반대 등 학생운동을 주도했다. 유신헌법을 제정하기 직전에 학생운동을 탄압하기 위한 목적으로 조작한 '서울대생 내란 음모 사건'에 휘말려 1년 6개월

실형을 선고받은 후 출소했다.

그러나 민청학련 사건의 관련자로 수배되어 6년간 피신했는데, 그 기간에 한 청년 노동자의 삶과 죽음을 기록한《전태일 평전》을 집필한다. 지금도 수작이라고 꼽히는 이 책의 저자가 조영래라는 사실은 겸손한 그의 성품 때문에 사후에야 밝혀진다.

조영래는 사람을 향한 변론을 멈추지 않았다. 1984년 대홍수로 서울 마포구 망원동 5,000여 가구가 침수당한 사건에 대해 '천재가 아닌 인재'라는 판결을 받아냈다. 서울시의 설치 및 관리상 잘못과 부실 공사를 원인으로 토목공학, 토질역학 등 방대한 정보와 지식을 동원한 반론을 제기하면서 단숨에 무력화시킨 것이다. 이 사건은 사법 사상 초유의 대규모 집단 행정소송 사건으로 일반인에게도 법률이 유용할 수 있음을 한국 사회에 알린 계기가 되었다.

또한, 우리나라 여성운동사의 한 획을 긋는 주요 판결을 받아 깊은 감명을 주기도 했다. 1986년에는 미혼 여직원의 정년은 25세라는 터무니없는 논리가 일반적이었는데, 여성의 정년도 남성과 같은 55세임을 확인받으면서 인간 평등, 남녀 평등을 이룬 것이다.

연탄 공장 때문에 병에 걸린 달동네 주민들에게는 헌법 속에

잠들어 있던 환경권을 끌어내어 승소했다.

1986년 당시 노동운동을 위해 위장 취업을 하다가 경찰에 붙잡혀 성고문을 당한 여대생 권인숙을 변호하면서 국가와 사회가 그녀에게 무엇을 했는지 낱낱이 밝히고, 가해자 문귀동에게 징역 5년의 유죄 판결을 끌어내면서 결국 진실은 밝혀져 승리한다는 것을 보여주었다.

국가의 공권력이 국민의 존엄성을 훼손하고 인간적 가치를 훼손하는 파괴적 힘으로 작용한다면 그와 같은 공권력은 더 이상 존재해서는 안 된다고 주장하면서, 법의 진실을 찾는 모든 이에게 자신의 모든 지식을 쏟아부은 인권변호사 조영래. 그는 수많은 인권 사건을 맡으면서 시민의 권리와 여성의 인권 및 남녀평등 문제, 노동자의 권리 문제, 환경 문제, 정의 실현 등에 관해 법적으로 해결하여 인권 변호의 새 지평을 열었으며, 한국 사회의 발전과 함께 민주화에 크게 기여한 변호사다.

강력한 인권 보호 장치의 필요성

◆ ◇

"미국 버전: 당신은 묵비권을 행사할 수 있으며, 당신이 한 발언은 법정에서 불리하게 사용될 수 있습니다. 당신은 변호인을 선임할 수 있으며, 질문을 받을 때 변호인에게 대신 발언하게 할 수 있습니다. 만약 변호사를 쓸 돈이 없다면, 국선변호인이 선임될 것입니다. 이 권리가 있음을 인지했습니까?

한국 버전: 귀하를 현 시각으로 ㅇㅇ법 위반 혐의로 체포합니다. 당신은 변호인을 선임할 권리가 있으며 변명의 기회가 있고 체포구속적부심을 법원에 청구할 권리가 있습니다."

피의자를 체포할 때 혐의 사실의 요지와 체포 이유, 변호인을 선임할 수 있는 권리, 묵비권을 행사할 수 있는 권리 등이 있음을 알려주는 것을 법학계에서 고지 의무로 정해두었는데, 이를 '미란다 원칙'이라고 한다.

범죄 영화나 드라마에서 실제 범인을 체포할 때마다 쓰는 원칙이어서 아주 유명하다. 이 원칙은, 진술 거부권형사상 묵비권과 변호인의 조력을 받을 권리변호사 선임권를 반드시 해당자에게 고지해야 한다는 내용을 언급하고 있다. 이로 인해 피희자나 피고인의 입장에서 미란다 원칙은 본인들이 적절한 절차에 의하여 처벌을 받고, 기본권이 침해되지 않게끔 해주는 일종의 울타리와도 같다.

구체적인 내용에서 우리와 미국은 다소 차이가 있는데, 우리는 진술 거부권이 없었다. 가장 결정적인 것은 진술 거부권을 고지해야 하는 시기로, 우리 형사소송법은 이를 '체포 시'가 아닌 '피의자신문 전'으로 규정하고 있었다. 그러나 경찰은 피의자를 체포할 때부터 진술 거부권 행사 권리를 알려야 한다. 인권 보호를 강화하고 절차적 정의 확립을 위해서다.

미란다 원칙은 1966년 미국 연방대법원의 판결로 확립된 원칙으로 미란다의 피의자 방어권 보장 문제를 계기로 생겨난 미 사법기관 규정이다. 흉악범이라도 그들의 권리가 보호되어야 한다는 원칙을 확립하기 위한 취지로 피의자의 이름을 따서 '미란다 원칙'이라고 불린다. 그리고 그 유래는 다음과 같다.

1963년 3월, 미국 애리조나주 피닉스 시 경찰은 멕시코계 23세 미국인 에르네스토 미란다를 당시 18세 소녀를 납치·강간 혐의로 체포했다. 전과 경력 때문에 연행된 그는 피해자에 의해 범인으로 지목됐다. 미란다는 최초에는 무죄라고 주장했으나, 몇 시간에 걸친 경찰 신문 끝에 범행을 자백했다. 재판에서 유죄 판결을 받았는데, 경찰로부터 묵비권 등의 권리를 통보받지 않았다고 주장하며 항소했고, 그의 변호인 측은 미란다가 변호사의 도움을 받을 권리를 듣지 못했다는 점을 부각했다.

결국, 1966년 대법원은 "경찰이 미란다에게 묵비권과 변호사 조력권이 있음을 사전에 알려주지 않은 상태에서 받은 미란다의 자백은 유죄 증거로 채택할 수 없다"며 무죄 판결을 내렸다. 이후 그의 이름을 딴 미란다 원칙은 경찰이 용의자를 체포할 때 반드시 지켜야 할 기본 원칙으로 확립되었다. 후에 검찰 측이 미란다의 자백 외의 증거를 제시함에 따라 유죄가 인정되어 미란다는 10년형을 선고받았다. 그러나 5년 살다가 가석방되었는데, 술집에서 난동을 피우다 사망했다.

미란다 원칙에는 진술 거부권과 변호사 선임권이 포함된다. 진술 거부권은 수사 및 형사 재판의 절차 중 불리한 진술을 억지로 강요당하지 않을 권리를 말한다. 변호사 선임권은 수사 기관과 대등한 관계에서 자신을 방어할 수 있도록 헌법이 보장하는 권리로 수사 단계에서부터 형사 재판 절차에 이르기까지 변호사 선임권이 인정된다. 만약, 자력으로 변호인을 선임할 수 없다면 법률의 규정에 의하여 국가가 국선 변호인을 선임해 주는 '국선 변호인 제도'를 이용할 수 있다.

수사기관은 용의자를 체포할 때 묵비권과 변호인 선임권 등 피의자의 권리를 반드시 고지해야 하며, 이를 고지하지 않은 채 이루어진 구속은 부당하고 이후의 자백은 재판에서 증거로 사용할 수 없다. 즉, 미란다 원칙대로 고지하지 않은 상황에서 받아낸 진술은 유죄의 증거로 사용할 수 없을 뿐이지, 권리를 알려주지 않았다고 해서 무죄가 되는 것은 아니다. 미란다 원칙의 궁극적인 목적은 더 이상 인권 문제로 인해 명백한 범죄자를 석방하는 일을 방지하기 위함에 있다.

만약, 법원에서 미란다에게 적법한 절차 없이 체포했다는 사실에 눈을 감고, 범인을 처벌하는 것에만 중요시하여 유죄를 선고했다면 우리는 더 좋은 사회에서 사는 걸까? 적법한 절차 없이

유·무죄를 가르기 위한 목적에는 정의의 탈만 썼을 뿐, 정의라고 할 수 없다. 오직 정의는 적법 절차를 통해서만 달성된다.

이거 알아요!

악마와 손을 잡은 변호사

변호사는 피고인을 무죄라고 간주하고 죄가 없음을 증명하기 위해 노력한다. 무죄 추정의 원칙으로 아무리 잔혹한 범죄자라고 하더라도 죄상이 확실하게 밝혀지기 전까지는 무죄로 간주해야 한다. 법으로 합리적으로 해결해야 하는 것이 법의 원칙이다. 따라서 변호사는 기본적인 인권을 옹호하고 사회 정의의 실현을 사명으로 하며 그 사명에 따라 피고인의 무죄 추정의 원칙을 모든 피고인에게 적용한다.

그런데 그 사람이 죄를 지었다는 것을 변호사 본인도 알고 있을 때는 어떻게 변호할 수 있을까? 나는 이 책에서 '법정에서의 승자는 이기는 사람이며, 진실은 당사자만 안다'고 말해왔다. 법치주의에서는 재판을 통해 최종적으로 유죄 판결이 나야만 그 사람에게 죄가 있다고 본다. 실제로 그 사람에게 죄가 있더라도 자신의 입장을 설명하고 방어할 권리는 법적으로 보장해주어야 한다. 변호사의 이러한 활동은 법이 정한 것으로 절차를 따르며 자신의 역할을 충실히 이행해야 할 의무가 있다.

민주주의와 법치주의의 정신을 이토록 강조하는 이유는 누구든 편견 없이 공정하게 권리가 보장받기 때문이다. 변호사도 사람이기에 그 사람이 정말 죄를 지었고 더 이상 변호하고 싶지 않다면 얼마든지 그만둘 수 있다. 다만, 변호하는 과정에서 알게 된 의뢰인에 관한 정보는 검찰에 알려주거나 증언할 수 없는 '의뢰인 비밀 보호' 관련 윤리 규정이 있다. 그래야 의뢰인이 변호사를 믿고 솔직하게 모든 이야기를 털어놓을 수 있기 때문이다.

전 남편에게 졸피뎀 성분의 카레를 먹인 후 칼로 살해하고 시신을 훼손하여 유기한 혐의를 받는 희대의 살인마 고유정 사건은 사회에 큰 파장을 일으켰다. 국민이 소름 끼쳐 한 것은 고유정이 살인하지 않은 것처럼 연기하는 모습을 보여서다. 고유정은 처음 진술에서는 전 남편이 성폭행하려고 했다고 이야기했으나, 차량에서 전 남편의 혈흔에 수면 유도 성분의 졸피뎀이 검출되었고, 고유정이 전 남편을 살해했음에도 경찰에 허위진술을 한 바, 구속영장이 신청됐다.

경찰의 초동 수사가 매우 안타까운데, 증거물을 관리하는 데 부실했고 현장 보존을 관리하는 데 실패하여 피해자의 시신을 찾지 못하고, 사건의 진실을 밝히는 데 지지부진했다는 점이다. 이러한 경찰의 무능함에 분노한 유가족은 경찰의 부실 수사에 의문을 제기했다. 아직도 고유정은 시신을 유기한 장소와 범행 동기에 대해 입을 열지 않고 있다. 그러나 고유정이 살인하기 전 마트에서 구매한 시신 훼손을 위한 도구와 인터넷 검색 기록 등은 완전 범죄를 꾸미기 위한 계획이었음을 짐작할 수 있다.

이러한 고유정 사건을 맡은 변호사는 유명세를 치를 수 있고, 거액의 수임료를 받을 수 있기에 사건을 맡은 것이 아니냐며, '악마의 변호인'이라며 변호사 본인은 물론 가족에게도 인신공격이 쏟아졌고, 그 비난을 참지 못해 변호인이 바뀌기도 하였다.

변호사 입장에서는 고유정에게도 억울한 부분이 있다고 판단이 되고, 모두가 피고인에게 등을 돌려도 변호인의 조력이 필요한 부분이 있다면 소신껏 변호해야 한다고 주장한다. 신체적으로 문제가 생긴 사람에게 의사가 필요한 것처럼, 사회적으로 문제가 생긴 사람에게 변호사가 필요하다는 것이다. 그것은 모든 국민이 보장받아야 하는 헌법적 권리다.

그러나 아직도 사람들은 고유정과 같은 살인범에게 변호사는 필요가 없다고 말한다. 왜 유독 고유정에게만 무죄 추정의 원칙을 강조하는가? 왜 이 원칙을 더 억울한 일을 당한 사람들에게는 적용하지 않았는가?

변호사들이 아무리 사명을 이야기해도 사람들은 결국 거액을 받고 고유정의 편을 드는 것으로 인식한다. 억울한 일을 당해도 돈이 없어 능력 있는 변호사를 사지 못했고, 법을 잘 알고 돈이 많은 강자에게 패배하는 모습을 많이 보아왔다. 변호사가 언제부터 원칙을 따지고 돈에 구애받지 않고 약자의 편에 섰는지, 내내 그런 모습을 보여왔더라면 아무리 극악한 살인범을 변호하더라도 그게 변호사의 일이라며 생각하고 넘겼을 것이다. 국민이 분노하고 용납하지 않는 이유가 바로 여기에 있는 것이다.

정치가, 정치인, 정치꾼

"정치인이 물에 빠지면 입만 둥둥 뜬다", "여러 사람이 물에 빠지면 정치인을 가장 먼저 건져야 한다. 그렇지 않으면 정치인 때문에 물이 공업용수로조차 사용하기 어려운 폐수가 되기 때문이다"라는 우스갯말이 있다. 이런 말들은 정치인에 대한 부정적 인식을 표현한다.

우리 사회는 정치의 필요성을 인정하면서도 정치하는 사람을 좋게 보지 않는다. 정치인이 공약公約이 아닌 공약空約을 남발한 역사, 정치 군인이 국가 권력을 총칼로 획득하고 반자유 · 반민주주의 · 반인권적 행태로 국정 운영한 역사, 공론의 장에서 토론과 합의에 의한 정치가 아닌 밀실 야합으로 불리는 행태로 국가 정책을 결정한 역사, 수시로 이름이 바뀌는 정당역사, 정당 이름은 바뀌지만 정치인은 여전히 같고, 그들의 행태도 똑같다는 역사 등이 반정치 · 반정치인 문화를 낳았다.

그러나 정치공동체인 국가나 사회에서 우리 삶의 질을 결정하는 것은 국가 정책이기 때문에 국가 정책을 결정하는 영역인 정치는 매우 중요하다. 따라서 정치가 중요하고, 직접민주주의의 구현이 어려워 대의민주주의를 선택할 수밖에 없다면 '어떤 정치인을 선택할 것인가?'가 중요하다.

정치를 하는 사람은 세 부류로 나눌 수 있다. 정치가, 정치인, 정치꾼이다. 분류 기준은 '정치 철학'과 '행동'에 있다.

첫째, 정치가의 가家는 '집 가'로 정치 세력을 구축하고 이끈다. 정치가는 인류 보편적 가치를 기반으로 좋은 삶을 구현할 사회를 만들 정치 철학을 갖고, 시민을 조직화하여 정치 철학을 구현하기 위해 앞장서는 사람이다. 사회 변혁을 추구하기 때문에 때론 혁명가적 성향이 있다.

둘째, 정치인은 '사람 인人'으로 혼자다. 자신만의 정치 철학이 없거나 확고하지 않지만 도덕적, 윤리적으로 깨끗한 사람으로 이익을 위해 자신의 철학을 바꾸지는 않는다. 또 철학은 있지만 대중을 이끌고 사회 변혁으로 나갈 수 있는 리더십은 없는 사람도 정치인으로 볼 수 있다.

셋째, 정치꾼은 꾼이다. 혜택국회의원직 등을 위해 정치 철학조차 계산하면서 활동하는 사람으로 당을 바꾸는 데 부끄러움이 없고, 이유를 만들어서라도 합리화한다.

사회가 좋은 삶을 만들어주는 사회로 변화하기를 바란다면 '정치가'를 지향하는 사람을 대표로 선출해야 한다. 그런데 현실은 정치꾼이 더 많은 명예를 얻고, 더 높이 평가받는다. 이것은 그들을 뽑은 유권자의 책임이다. 유권자가 정치하는 사람이 어떤 길을 어떻게 걸어왔는가를 보지 않고 이리저리 왔다 갔다 하는 정치꾼을 대표로 선출한다면 우리 사회는 변화가 없을 것이다. 정치꾼이 자신의 부끄러움이 더 이상 부끄러움이 아니도록 도덕, 윤리의식을 헛된 것으로 만들기 때문이다.

나는 정치판에 있으면서도 언제나 '꾼'이 되는 것은 스스로 막았다. 정치가를 꿈꾸며 최소한 정치인이고자 한다.

불요불굴不撓不屈**의 핵심 키워드**

판결 **양심** 사법부

과거사　적폐세력　사법개혁

인권유린　정의 실현

신념　유전무죄 무전유죄

서열위계　관료사법제도　정치권력

과잉충성 **공정한** 재판

사법농단　독립성　권력을 위한 충성

왜곡된 **판결** 법관의 법과 **양심**

4장

권력이라는
힘에 가려진
민낯

법의 평등성

◆ ◇

법정에선 주인공이 승리하는 것이 아니라 승리한 사람이 주인공이다. 법정에는 판사, 변호사, 검사, 피고, 원고가 등장한다. 보통 민사 본안 항소심 평균 처리 기간은 7개월 정도, 형사 사건은 4개월, 항소심도 5개월 정도 소요된다. 법정에서는 하나의 이익이라도 더 많이 챙겨서 유리한 판결을 받아야 한다.

판사 1명이 한 해 동안 처리해야 하는 사건은 연평균 1,000여 건이며 10년 전이나 지금이나 열악한 상황은 나아지지 않았다. 1인당 사건 수가 지나치게 많은 이유는 정원보다 육아휴직이나 해외연수로 인해 현원이 적기 때문이다.

어떤 지방지법은 판사 1명에게 6,000 건이 넘는 사건이 배정

된다고 하니 경악스러운 일이다. 그래서인지 그러면 안 되지만, 과중한 업무로 인해 시간 제한을 걸어서 짧게 소명하라고 강압하기도 하고, 처음부터 유·무죄로 단정을 지음으로써 공정하고 평등한 법 집행을 가로막는 불상사가 생기기도 한다.

변호사라고 해도 모두 피고인의 편이며, 정의롭거나 법에 대해 다 아는 것은 아니다. 사건마다 법 외의 배경지식이 필요한 경우가 많아서, '목마른 사람이 우물을 판다'고 아쉬운 의뢰인이 법을 자기편으로 만들어 낼 정도로 법 공부를 해야 하기도 한다. 무엇보다 변호사는 법만 알지, 의뢰인의 피해나 처한 상황, 의뢰인의 감정에는 크게 관심이 없을 수도 있다. 최근에는 인터넷에서 쉽게 정보를 얻을 수 있어서인지 점점 변호사 없이 나 홀로 소송을 진행하는 일도 허다하다.

그렇다면 검사는 어떨까?

사법 농단 사건이나 민간인 사찰 건을 보면 알 수 있듯이 국민의 인권보다 검찰 본연의 조직을 지켜내기 위해 급급했으며, 소임에 충실하지 못하고 권력에 치우친 경우가 종종 있었다.

우리나라 법조계가 이렇게 신뢰를 잃고 이기적이기만 했다면, 법과 정의는 사라지고 민주주의가 퇴보했을 것이다. 그나마 법의 뿌리가 쓰러지지 않고 역사가 흐름과 같이 나아갈 수 있었던 것은 정의를 위해 끝까지 소명을 다하고자 했던 법률가들이 본인의 자리에서 목소리를 내며 뒷받침해준 덕분 때문일 것이다. 이 땅에 법 정의와 법 평등이 굳건히 자리를 잡아 진보하길 바라는 바람은 국민 모두의 소망일 것이다. 부조리하고 엽기적인 행태가 반복된다면, 법을 불신하게 되어 그 폐해는 고스란히 약자의 피해로 이어져 그 어디에도 도움을 청하지 못할 지경에 이르게 된다. 이 사회에서 사람답고 안전하게 살기 위해서 우리는 보이지 않는 법의 테두리 안에서 보호받고 있다. 법은 다수결의 합의이며, 이러한 합의는 서로의 이익을 한 걸음씩 양보하면서 개인의 권리와 자유를 지키기 위해 만들어졌다. 그러나 우리의 법은 아직도 오류가 많고 논쟁의 쟁점에 서 있다. 우리의 법은 해야 하는 것과 해서는 안 되는 것들을 딱딱하게 규정해 놓은 집합체다.

2013년 형사정책연구원에서 〈법 집행의 공정성에 대한 국민의식 조사〉를 한 결과, 절반이 넘는 국민이 권력이나 돈, 인맥과 같은 비(非)사법적 절차를 선호하고 있다고 밝혔다. 정부와 정치권, 사법기관 등의 노력에도 불구하고 법치주의에 대한 국민의 체감도가 여전히 낮다는 점을 보여준 결과다. 많은 사람이 법보다는 돈이나 권력, 인맥 등과 같은 꼼수가 더 유용하다고 생각하는 실정이다. 이 조사를 토대로 분석해보면, 경제 수준이 높을수록 분쟁 해결의 유용한 수단으로 법을 꼽는 경향이 강했다. 그러나 경찰이나 검찰 등 국가기관에서 조사를 받거나 민원 등 사건을 겪어 본 경험이 있는 사람들은 법보다 권력이나 돈 등을 통해 분쟁을 해결하는 것이 낫다고 생각하는 경향이 있었다.

왜 국민은 법 외의 다른 수단이 더 효과가 있다고 생각하는 걸까? 불공정한 법집행 때문일까?

그것은 돈과 시간 때문이었다. 사실, 법 절차를 제대로 따를 경우 시간과 비용이 많이 든다. 법률 서비스를 이용하려면 비싼 변호사를 써야 하는데 비싼 수임료를 써서 이길 승산이 있는 사건인지 계산기를 두드려 판단해야 하기 때문이다.

그렇다면 국민이 법률 서비스를 손쉽게 받을 수 있는 실용적인 방법은 모든 국민이 쉽게 법률 서비스에 접근할 수 있을 때, 법 앞의 평등이란 정의가 사회에서 실현될 수 있다. 따라서 법이 분쟁을 해결하는 데 가장 유용한 수단으로 인식시키려면 법률구조공단이나 각종 단체에서 운영하는 법률구조제도와 함께 적은 비용으로 손쉽게 법률 서비스를 받을 수 있는 인프라가 체계적으로 구축되어야 한다.

권력 앞에
법의 정당성

◆　◇

　　구미 유학생 간첩단 사건에 연루되어 13년 동안 억울하게 옥살이를 했던 강용주 씨는 최연소 비전향 장기수였다. 유럽이나 미국은 커녕, 서울 한 번 제대로 가본 일이 없던 강 씨가 간첩 사건에 휘말린 것부터가 모순이었다. 강 씨를 고문하면서 "한 번 간첩으로 찍히면 벗어날 수 없으니 그냥 혐의를 인정하라"라는 협박 역시 모순이다. 법이 어떤 규정을 내리면 개인이 그 규정에서 벗어나기란 불가능한 일이다.

　　우범 지대에서 한 흑인 소년이 범죄 사건을 목격하고 경찰이 출동하자 경찰을 보고 도망을 친다. 소년은 내가 죄가 없더라도 경찰이 죄가 있다고 여겨 잡아가면 죄 있는 사람이 된다고 생각한 것이다. 반면, 부자는 죄가 있어도 무모하게 도망치는 일을 택하지 않는다. 유죄도 무죄로 만들어주는 능력 있는 비싼 변호사를 부를 수 있으므로 걱정이 없다.

위 상황에서 경찰은 소년이 도망을 치니 의심하면서 쫓는다. 막다른 골목에서 소년은 저항하고 경찰은 격투 끝에 총으로 소년을 쏴서 결국 죽이고 만다. 처음부터 소년에게 죄가 있어서 도망쳤을 수도 있지만, 죄 없는 목격자일 수도 있다.

그렇다면, 죄가 없는데도 왜 도망을 갔을까? 이런 합리적인 의심이 드는 것은 당연하다. 많은 사람이 법을 믿고 법을 지킨다. 그래서 설령, 법이 실수로 나를 죄인이라고 선고해도 결국 진실은 밝혀질 것이고 무죄가 될 것이라고 신봉한다. 그런데 도둑이 도둑이 되고, 살인자가 살인자가 되는 것은 법이 그렇게 규정했기 때문이라는 사실을 아는가?

일반인은 법이 내린 규정에서 벗어나기가 힘들다. 법정에서 판단한 진실은 법정 안에서만의 진실일 뿐, 진실과 사실 관계는 당사자 외에는 아무도 모른다는 데 덫이 있다. 법정이 법대로 규정해서 무고한 한 사람의 인생을 짓밟는 불행한 일은 우리나라뿐 아니라 세계 어느 나라에서도 종종 벌어지는 일이다.

세상의 모든 이해관계를 법이 규정한 대로만 결정하면 법이 규정하지 않은 것들은 모든 법적 권리 및 의무에서 배제되는 일이 벌어진다. 가령, 실제는 장애인이지만 법이 인정하지 않으면 그는 장애인이 아니기 때문에 장애인으로 등록할 수도 없고, 국가적 지원 및 복지 혜택도 전혀 받을 수 없다. 우리는 종종 그런 사례를 뉴스에서 접한다.

법이 없는 곳에서는 불의도 존재하지 않는다. 법은 원래 권리를 가지고 다른 사람을 지배하고자 할 때 쓰는 도구이기 때문이다. 공리주의에 따르면, 인간은 누구나 생명, 자유, 재산을 소유할 수 있는 자연법적 권리와 지킬 수 있는 권리를 갖고 태어났다. 자연법은 인간의 이성이 찾아낸 계율로 일반적인 원칙을 말한다. 인간은 자신의 생명과 안전, 소유물을 지키기 위해 타인과 동의하여 자연 상태에서 시민 사회로 이행하는 사회적 계약을 맺었다. 자연 상태에서 개인인 자신의 권리를 국가에 신탁하여 새로운 권력인 정치권력을 탄생시켰다. 그와 동시에 정치권력에는 한계가 설정되는데, 이 한계가 무너지면 신탁이 철회됨과 동시에 개인은 저항권을 행사한다.

그렇다면 생명, 자유, 재산과 개인의 자유와 평등의 의무는 누가 누구에게 주는 것이며, 누가 만든 것일까?

당연히 이 사회에 태어났을 때부터 주어진 것 같지만, 당연함 속에 모순이 있을 수 있다. 우리는 이러한 논제를 끊임없이 의심하면서 해답을 찾아야 한다. 이러한 법의 의무에 대해 역사의 흐름 속에서 정형화되지 않은 것으로 보고 진보시켜 나가야 불완전성을 해결할 수 있다.

한때 법보다 주먹이 앞서던 시절이 있었다. 무소불위의 권능으로 한 나라의 최고법인 헌법보다 위에 서서 법을 농락하며 권력 앞에서 법의 정당성을 휴지 조각으로 취급하던 시절이 있었다. 민주화 시대에 국민으로부터 선출되지도 않은 헌법재판소 재판관 9명의 헌법적 판단이 과연 국민의 뜻에 따라 합리적이고 정당하게 입법적 판단을 했을지 의문이 든다. 이러한 논란은 정치적으로 민감한 사안들이 헌법 재판을 거쳐야 할 때마다 제기되었던 문제들이다.

정치권력에서 헌법은 정쟁의 수단이자 권력 투쟁의 도구로 쓰였다. 헌법은 총 9번 개정되었는데, 그 개정사를 잘 살펴보면 권력 구조 개편에 초점이 맞춰져 있다. 대통령의 임기, 내각제인지 대통령제인지, 직선제인지 간선제 등인지가 핵심이다.

매번 헌법을 바꿔야 한다는 요구와 항의가 빗발쳤지만, 역설적으로 가장 바꾸기 어려운 국면에 서 있는 것이 바로 헌법이다. 상황에 따라 법을 고치는 개헌을 거치지만, 개헌은 곧 민주주의의 통치 체제를 바꾸는 작업이기도 하다. 시대정신과 권력 구조, 기본권 등 나라의 근간을 정비한다. 개정되면서 그 방향이 항상 긍정적인 것만은 아니다. 정권 연장의 수단으로 수정되기도 하고, 독재를 막아야 한다며 개정되지만, 이내 군홧 발에 짓밟히기도 한다. 군사 정권의 연장이라는 수단으로 이용되다가 1987년에 이르러 국민의 손으로 다시 태어나 민주화 정신을 담게 되었다.

헌정 사상 처음으로 대통령을 탄핵한 것도 헌법에 따른 결과다. 헌법은 법체계상 최상위에 위치하며, 대통령이 이러한 헌법을 위반하면 헌법에 따라 구성된 헌법재판소가 탄핵한다. 국민의 힘으로 대통령을 탄핵한 촛불 혁명의 힘은 곧 국가를 구성하는 뼈대에 해당하는 헌법을 바꿔야 한다는 강력한 요구로 이어졌다. 촛불의 탄핵 요구가 개헌 요구로 이어진 것은 너무나 당연했다. 1987년에 만들어진 현재의 헌법이 우리 사회의 변화를 담고 있지 못하기 때문이다.

과학기술의 발전과 지구촌의 변화는 한국 사회에 새로운 법적 기준을 요구하고 있다. 32년 전에 만들어진 현재의 헌법은 어른이 아이 옷을 입고 있는 것과 같기 때문이다.

문재인 대통령은 개헌을 주장하면서 당선되었다. 공약을 지키기 위해 개헌안을 발의했지만, 국회 문턱을 넘기가 쉽지 않아 보인다. 20대 국회는 국민을 외면했다. 곧 21대 총선이 다가온다. 이 총선에서 헌법은 또 정쟁 수단으로 이용될 수 있다. 정치인들이 '권력 구조'와 '정치적 이해'에 매몰되어 개헌 논의를 진척하지 못한다면 정치 부분을 제외한 나머지 분야만이라도 변화를 담아야 하지 않을까 한다. 대한민국의 모든 권력은 국민으로부터 나온다. 개헌을 통해 보다 나은 대한민국이 설계되고, 국민의 염원과 시대정신이 올바르게 반영되기를 희망한다.

정의 실현이라는 거짓말

"모든 사람은 법 앞에 자유롭고 평등하게 태어났다."

이 말은 UN 인권 선언, 프랑스혁명의 인권선언, 미국의 독립선언이 지향하는 가치이자, 근대 헌법의 기초가 되었다. 우리나라 헌법 제11조 역시 "모든 국민은 법 앞에 평등하다"라고 말한다. 이어서 "누구든지 성별·종교 또는 사회적 신분에 의하여 정치적·경제적·사회적·문화적 생활의 모든 영역에 있어서 차별을 받지 아니 한다"라고 말한다.

그런데 왜 '유전무죄 무전유죄' 혹은 '황제 노역'이라는 말이 공공연하게 나올까? 법 앞의 평등이라는 말은 민주주의 국가에 있어서 헌법적 가치다. 그러나 이 평등이라는 말이 왜 현실에 들어오면 공허한 메아리처럼 실체가 없고, 짓밟히는 걸까?

재벌과 권력자들이 자신과 똑같은 법의 적용을 받는다고 느끼는 국민은 그리 많지 않을 것이다. 오히려 대기업이 국가경제에 힘을 보태는 만큼 웬만한 잘못은 눈감아주는 아량이 필요하다는 견해가 많다.

법관은 헌법과 법률에 근거하여 양심에 따라 심판하고 판결을 내린다. 공정한 판단을 내려야 하므로 대통령과 권력자들의 간섭에서 벗어나 초월적이고 독립적으로 행사하라고 사법부에 권위를 준다. 그래서 판사 각자가 헌법으로 보장된 하나의 독립기관이다. 또한 검찰은 불의에 대항해서 싸우는 존재이며, 공익을 위해 진실을 끝까지 파헤치는 정의를 추구하는 기관이다.

이렇게까지 법적 장치가 있는데도 우리나라 현실에서는 정의 앞에 정의 사회 실현이 이루어지지 않고 있다. 사람이 만들다 보니 법에는 한계가 있고, 사람이 하는 일이다보니 법 집행에도 모순이나 실수, 착오가 있을 수 있다. 억울하게 누명을 쓴 사람이 나오기도 하고, 유죄 판결을 받았다가 결국 무죄로 밝혀지기도 하며, 사실과 반대되는 판결이 내려지기도 한다.

더 놀라운 것은 전직 대법관이나 판·검사 출신 변호사가 사건을 맡으면 동료나 후배 판사, 검사가 유리하게 기소하고 판결하는 경우가 있다는 점이다. 법조계의 관행인 '전관예우'는 법 앞의 평등과 정의 실현이라는 원칙을 완전히 무시하는 행위다. 특히, 법정은 금융 범죄나 권력형 비리사건에 관대한데, 재벌 총수의 비리나 범죄가 밝혀지면 마치 하나의 공식처럼 '징역 3년에 집행유예 5년'이었다가 항소심에서 특별사면이 되는 경우가 관행처럼 행해진다.

이제는 법원이 국민 입장에 서서 선도적 역할을 해야 한다. 기업인의 처벌도 서민과 같은 기준으로 판결하고 기업 비리에 무거운 체벌을 내려 재발하지 않도록 막아야 한다. 기득권층은 끊임없이 경제와 나라 발전을 들먹이면서 국민의 희생을 강요한다. 그들은 재벌 총수들의 사법 처리가 재벌 대기업의 몰락과 한국 경제의 쇠퇴로 이어질 것처럼 여론을 만들었다.

그러나 우리 역사는 경제 위기에 대한 책임이 국민이 아니라 기득권 집단에 있음을 보여준다. 우리나라 국민은 세상 어디에도 없는 원동력을 가졌다. 경제 발전과 국가 위기라는 미명 하에 좌절하지 않고, 숱한 고난을 이겨냈다.

일제 강점기 국채보상운동처럼 너도나도 금을 모아 외채를 갚자는 '금 모으기 운동'에 동참했으며, 독재 치하에서는 밥 한

끼 먹을 수 있다는 현실에 감사했다. '서해의 기적' 이라고 불리는 태안 기름 유출 때는 온 국민이 팔을 걷어붙여 기름 제거에 앞장섰다. 국·내외 해양 전문가들이 원상 회복까지 20년 이상을 예측했지만, 불과 10년 만에 서해안의 생태가 원상 복구됐다.

1997년에 맞은 외환 위기 극복과 최근의 국정 농단 사태로 인한 촛불 혁명 등 위기 때마다 보여준 놀라운 저력은 모두 국민에게서 나왔다. 청와대·정부·정치권의 국가 경영 실패, 극심한 정경 유착, 재벌 그룹의 과도한 부채가 맞물려 터진 환란 사태에서 국민은 허리띠를 졸라매며 앞장서서 해결했다. 언론에서는 연일 경제 위기라고 떠들어댄다. 이 나라에 닥칠 경제 위기의 책임이 기업인과 권력자들 자신에게 있다는 것을 왜 알지 못할까?

세계 유일의 분단 국가, 지정학적으로 러시아·중국·일본, 이들을 견제하는 미국에 둘러싸여 끊임없이 영토 분쟁 중이며, 우리나라 산업 기술의 최정점인 반도체에 대한 수출 규제로 경제 전쟁을 선포한 일본에 맞선 일본 불매 운동 등 단 한 번이라도 우리나라가 위기가 아니었던 적이 있었는가?

고려와 조선 시대에 있었던 고위 관리의 친인척에게 아무 조건 없이 관리직을 주는 관리 임명 제도인 음서 제도가 있었다. 그런데 현대에도 음서 제도가 있다. 입학사정관제, 기여입학제,

특별전형, 5급 민간인 특채, 로스쿨, 노조원 자녀 특채, 공무원 특별채용 장학금 제도 등이다. 음서와는 달리 원래 목적으로 운용하면 별문제가 없지만, 언제나 그렇듯이 악용하면 인사 비리의 원인이 되고, 현대판 음서 제도가 된다.

어떤 규정을 신설하는 목적에는 반드시 공공의 이익이 우선되어야 한다. 좋은 취지만으로 규정을 만들어서는 안 된다. 악용될 가능성이 있는지, 피해를 보거나 상대적 박탈감을 줄 여지가 있는지 충분히 검증해야 한다. 그래서 졸속으로 법안을 통과시키면 법과 규정의 빈틈을 타서 악용하는 사람이 반드시 나타난다. 그리고 그만큼 기회를 빼앗기는 사람이 생긴다.

법은 절대적으로 평등하지도 공정하지도 않은 것이 현실이다. 그런데도 법은 최소한의 정의 실현을 유지하기 위해 존재해야 한다. 분쟁이 생겼을 때 "법대로 하자"라고 외치는 이유는 법에 대한 신뢰가 기본 바탕에 있기 때문이다.

법이 더 큰 신뢰를 얻으려면 법치주의의 기본 정신을 망각해서는 안 된다. 권력을 휘둘러서 국민의 권리를 훼손하지 말아야 하며, 힘없고 가난한 사람들이 부당하고 불공정한 대우를 받지 않도록 보호해야 할 의무가 있다.

법조계의
권력과 검찰

◆　◇

우리나라에 무소불위의 권력을 가진 주체가 있다. 바로 검찰이다. 대통령을 제외하고는 어느 누구의 통제도 받지 않으며, 시민의 감시도 받지 않는다. 일사불란한 조직체이자 막강한 권한이 있지만, 아무도 통제할 수 없다. 제대로 된 감시활동을 벌이는 인권단체도 없고, 그나마 언론이 감시하지만 제대로 감시하고 고발하는지도 의문이다.

검사의 가장 기본적인 책무는 범죄 수사, 공소의 제기 및 그 유지에 필요한 사항 전반이다. 원래 검사의 가장 중요한 기능은 공소의 제기와 그 유지다. 범죄 수사는 범죄가 발생했을 때 범인과 범죄를 저지른 사실 및 증거를 찾아내는 작업으로 많은 나라에서는 경찰의 주 업무지만, 우리나라는 경찰과 검찰이 한다.

그래서 우리나라의 검사는 다른 나라의 어떤 검사도 지니지 못한 강력한 권력을 쥐고 있다. 검사는 수사의 주체이자, 사법경찰관을 지휘하는 권한까지 갖고 있다.

또한, 철저한 상명하복식 구조여서 검찰 사무에 관해 상사의 명령에 복종한다. 수뇌부의 의사가 일선까지 정확히 전달되어 중요한 사건일 경우에는 체포, 구속, 압수·수색 영장의 청구도 수뇌부의 의사가 그대로 반영된다. 그래서 검찰의 문화나 의식을 개혁하려면 검찰총장이나 장관이 되어 '내가 그 자리에 올라가면 더 잘할 수 있다' 라는 생각이 들게끔 그 자리가 중요한데, 사실은 그렇게 여기게 만들어서는 안 되는 것이다.

역대 총장 중에서 훌륭한 사람도 많았지만, 대부분 실패하고 말았다. 따라서 검찰의 권한을 축소해야 한다. 총장 자리가 검사 인생의 목표가 되어서는 안 된다. 검사는 범인을 검거하는 데만 신경을 써야 한다. 어느 직장에서든 높은 자리에 올라갈수록 나무가 아니라 산이 보이기 시작한다. 올라 갈수록 시야가 넓어지기 때문이다. 법 조문과 사건만 보던 시야가 고려해야 할 사안이 점점 많아진다는 것을 알게 된다. 특히, 정치적인 시야가 넓어진다. 총장이 정치적으로 좌우되지 않도록 모든 걸 해결하는 것만이 능사가 아니다.

검찰은 선출되지 않은 권력인 데다 다른 경쟁자나 견제 장치가 없다. 그래서 노무현 정부 때 검찰을 개혁하겠다고 큰소리쳤지만, 결국 실패하고 말았다. 권력이 정치적으로 검찰을 이용하기도 했지만, 검찰의 독립성을 보장해주고 정부가 검찰을 더 이상 이용하지 않으면 검찰은 제자리를 찾을 것이라는 전제가 틀렸다는 것이 밝혀진 것이다.

제헌 국회를 수립하지 못했을 때, 경찰이 문제가 심각해지니까 경찰을 통제할 수 있도록 검사들에게 권한을 줘야 했다. 그래서 형법에 인권옹호직무방해죄가 있다. 즉, 경찰이 검사의 직무 집행을 방해하거나 명령을 준수하지 않을 때 성립하는 범죄다. 이 법 조항은 검찰은 법률 전문가이자 수사의 주재자이며 인권 옹호 기관으로써 경찰의 부족한 수사 능력과 국민에 대한 인권 침해를 방지한다는 명목 아래 검찰의 통제와 지휘를 받아온 그동안의 경찰에 대한 검찰과의 불평등한 관계를 잘 보여주고 있다.

이렇듯 시간이 지나면서 검찰에 권한이 과도하게 집중되기 시작했다. 과거에는 검찰의 하부기관으로 경찰을 인식하기도 해서 마치 검사는 의사, 경찰은 간호사처럼 비유되기도 했다.

검찰은 독자적으로 수사를 펼치면서 형사 절차 전반에 걸쳐 누구의 제재도 없이 무소불위의 권한을 행사하면서 국민의 인권 침해를 야기하기도 했다. 이로 인해 국민의 신뢰를 얻지 못했으며 경찰에 대해 수사를 지휘한다는 명목 아래 불평등한 관계를 야기했다. 제대로 인권을 옹호하는 기관으로서 역할을 수행했다고는 볼 수 없는 것이다.

검찰을 견제하고 개혁하려면 권력과 권한을 분리하는 게 필요하며, 검찰의 역할과 책임 권한을 확실히 인식해야 한다. 무엇보다 수사권 조정은 경찰과 검찰의 권력 다툼이 아닌 사법 정의 실현의 길로 나가는 길이다. 경찰이 수사기관으로써 본연의 역할을 다하도록 권한을 부여함과 동시에 그에 따른 막중한 책임감을 느끼고 국민의 인권을 최우선의 가치로 삼아야 한다.

검찰청법 제3조를 간단히 보면 "검사는 공익의 대변자로서, 국민 전체에 대한 봉사자로서 정치적 중립을 지켜야 하며 주어진 권한을 남용하여서는 아니 된다"라고 나온다. '공익의 대변자' 라는 개념은 검사가 목소리를 내라는 말이 아니라, 법을 있는 그대로 집행하라는 뜻이다. 그러나 우리나라의 검사는 검사가 곧 공익이며, 국민의 세금을 받으며 일하는데도 '갑 중의 갑'

의 위치에 올라가 있다.

직접수사권과 공소권을 독점하여 검찰의 불법 수사에 관한 견제나 감시가 이뤄지지 않는 실정이다. 더는 국민의 인권을 옹호하는 기관이 검찰의 전유물이 되어서는 안 된다. 경찰과 상호 견제할 수 있는 시스템 마련이 필요하다. 서로 권한을 분리하여 견제와 균형의 원리가 작동되어야 한다.

검찰 조직이라는 권력기관의 힘 빼기가 필요하며 검찰과 경찰의 사명이 인권 옹호라는 공통의 사명에 있다는 인식이 필요하다. 수사는 경찰, 기소는 검찰이 하여 수사와 기소의 엄격한 분리를 통해 동등한 국가기관 사이에 상호 간에 협력하며 견제와 균형을 이뤄나간다면 정의로운 사회를 갈구하는 국민의 목소리에 귀 기울이고 응답할 수 있을 것이다.

국회의원에게 입법을 맡길 수 없다

◆　◇

　　청렴은 사전적 의미로는 성품과 행실이 높고 맑으며, 탐욕이 없음을 말한다. 바람직하고 깨끗한 공직자상을 지칭하는 용어로써 시대가 요구하는 기준에 맞춰 끊임없이 자기 성찰해야 한다. 부패는 정치, 사상, 의식 따위가 타락한 것으로 법령, 규칙으로 규정한 사회적 의무를 위반하는 행위를 말한다. 공직자의 부정부패는 결국 돈에서 기인한다. 정경유착, 기회주의자의 득세, 각종 특권의식과 특혜, 불공정한 경쟁에서 자신이 우위에 서기 위해 돈과 권력의 유혹에 빠져 소탐대실하는 어리석음을 택하는 것을 말한다.

　　한 국가의 부패 척도를 알려면 그 나라 공무원의 청렴도를 보면 된다. 청렴의 중요성에 대하여 얘기할 때 공공 부문에 대한 청렴과 경제성장률 간의 관계를 인용한다. 국제투명성기구는 매년 국가별 부패지수를 발표한다. 부패인식지수는 공직자에게 부패가 어느 정도로 존재하는지를 보여준다. 공공 부문에서 부패를 대상으로 100점 만점으로 환산했을 때 70점대는 사회가 전반적으로 투명한 상태이며, 50점대는 절대 부패에서 벗어난 정도로 해석할 수 있다.

2018년도 국제 투명지수와 부패인식지수 순위에 따르면, 1위는 덴마크, 2위가 뉴질랜드이며, 일본은 18위, 미국은 22위, 우리나라 45위, 북한 178위, 소말리아가 180위로 꼴찌다. 우리나라는 100점 만점에 57점으로 전년 대비 평가 점수는 3점 상승, 국가 순위는 6단계가 상승했으며, 부패인식지수에서는 역대 최고점수를 기록했다.

국민권익위원회에서는 부패와 경제 성장의 상관 관계를 연구했는데, 부패인식지수가 높을수록 경제가 성장한다고 보고했다. 즉, 부패지수가 10점 더 증가한다면, 1인당 GDP 성장률이 약 0.53% 포인트가 증가하게 된다는 것인데, 경제 성장과 공직 사회의 청렴과는 밀접한 관계가 있다는 것을 보여준다.

우리는 위법을 저지르며 주권자인 국민을 배제하고 비선 실세를 따랐던 최고 권력자와, 특권을 휘두르고 사익만을 위했던 최고 권력기관과 같은 어두웠던 과거를 청산했다. 촛불 민주주의에 의하여 집권한 현 정권이 자리를 잡아 공정한 나라를 실현하기 위해 노력 중이다. 그리고 부패인식지수 역시 상승했다.

그러나 20대 현 국회의 상황을 고려하면 아직도 갈 길이 멀었다. 국회의원들이 의정 활동에 참가한 시간을 분석한 결과, 국회에 출석한 시간이 평균적으로 한 달에 하루 정도인 것으로 나타났다. 오전 9시에 출근해 6시에 퇴근하거나 야근까지 하는 직장인에 비교하면 한 달에 하루 출근하여 일한 것으로 볼 수 있다. 최저임금 1만 원 인상은 반대하면서 하루 일당 45만 원으로 연봉을 1억4,000만 원에서 1억6,000만 원까지 올리는 일이 가속화되고 있다. 국민 모르게 '셀프'로 세비를 인상하고자 하는 일에는 가속도가 붙기도 했는데, 이럴 때 여야는 의견 합치가 빠르다는 점에서 국민의 반감이 크다.

일하지 않는 국회의원 및 보좌관의 세비를 지급 중단하라는 청원도 잇따르고 있다. 제20대 국회의원의 월평균 세비는 1,149만 원으로 매달 20일에 지급된다. 여기에는 일반수당, 관리 업무수당, 입법 활동비, 정액 급식비 등이 포함된다. 이외에도 사무실 운영비(50만 원), 차량 유지비(35만8,000 원), 유류대(110만 원)

등 특정 명목으로만 사용할 수 있는 지원 경비가 월 195만8,000원에 달한다.

 국회의원은 국민의 대표로 뽑혀 국민의 의견을 반영하여 정치를 해야 한다. 회의에 출석하여 법을 만들고 공익을 먼저 추구해야 한다. 세상이 계속 변화하고 시대가 흐름에 따라 법도 달라지는데, 국회의원은 이에 따른 법안을 만들어내야 한다. 국회의원이 존재하는 이유는 '입법' 이라는 역할 때문이다. 국민이 국회의원을 뽑았을 때는 국민을 위해 일을 하고, 사익보다 공익을 우선하길 바랐기 때문이다.

 권력은 국회의원이 아니라 국민에게서 나온다. 선거 전에는 국민을 위할 것처럼 목청껏 외치고 시장 골목까지 찾아가며 고개를 숙이다가 막상 당선되면 국회의원 자신을 위해 일한다. 국민의 의사와 권한을 위임받았다면 제대로 일을 해야 한다. 이런 이유로 일 잘하는 국회의원에게는 국민이 후원금을 채워주지 않는가. 공직자는 권력에 대한 봉사자가 아니라 국민 전체를 위한 봉사자가 되어야 한다.

 선거 때가 되면 '365일 일하는 국회' 라고 표명하면서 입법 활동을 제대로 하지도 않고 국회에 출석 도장만 찍고 줄줄이 퇴장하는 일이 빈번하다. 국가에 중대한 상황이 벌어졌을 때, 국회가 파행하거나 일을 하지 않으며 직무유기나 다름없는 상황으로 국민에게 매우 무책임한 모습을 보이기도 한다. 그런데 주권자인 국민은 이미 뽑힌 국회의원을 견제할 방법이 없다.

국회의원이 꼭 회기에만 일을 하는 것은 아니지만, 입법이 주임무인 국회의원이 당파 싸움과 권력 쟁취를 1순위로 두어서는 안 된다. 국회가 변화하려면 국민소환제가 필요하다는 의견도 분분하다. 365일까지는 아니더라도 일하는 국회를 만들기 위한 방안으로 국회의원의 회의 출석을 강제화시키고, 국회가 파행되었을 때는 정당 보조금 삭제나 무노동 무임금제를 하거나 세비를 삭감해야 한다. 국회에 불출석한 상황이나 조건에 따라 위원 자격을 박탈하는 것도 고려해봐야 하지 않을까.

능력 없으면 부모를 원망하라고?

내가 우리 어머니의 아들로 태어난 것이 행운이고 행복이었듯, 두 아이의 아빠가 된 것 또한 행운이고 행복이라고 생각한다. 내가 어머니께 받았던 행복감을 두 아이도 내게서 받기를 바라며 살아간다.

아이들은 행복이고, 힘을 내게 하는 원천이라고는 점에서 모든 부모가 나 같이 생각할 것이다. 이런 가족의 행복을 지키고 키워나가기 위해 부모는 일터로 나간다. 이것이 하루를 성실히 살아가는 평범한 서민 가족의 일상이고, 이런 일상이 쌓여 일생이 된다.

생물학적으로, 그리고 수학적으로 한 생명체가 내 아이로 태어나기 위한 확률은 3억 분의 1이라고 한다. 참으로 깊고 넓은 인연이다. 그래서일까, 부모는 자식에게 많은 것을 해주고 싶어한다. 자신이 하고 싶었어도 하지 못한 것, 이루고 싶어도 조건이, 능력이 부족해서 이루지 못한 것을 이룰 수 있도록 조건을 만들어주고 싶어한다.

오늘 자신의 현실에서 불편한 것이 있다면 자식은 그런 길을 걷지 않도록 해주고 싶고, 자신보다 더 높이 더 멀리 날아갈 수 있도록 지원해주고 싶어한다. 사회에 도움이 되고, 주변 사람을 행복하게 해주고, 더 많은 사람을 돕는 삶을 살아갈 인성을 갖도록 해주고 싶어한다. 그리고 언제나 건강하게 살아가기를 바란다. 이것이 평범한 서민 부모의 희망일 것이다. 나는 그랬다.

그런데 건강과 인성은 개인이 안고 갈 몫이라고 해도, 나머지 바람은 이루기가 쉽지 않다. 현재 우리 사회는 나 같은 기성세대가 활동했던 사회와는 달리 더 이상 '개천에서 용 나는' 사회가 아니기 때문이다. 계층 상승을 할 수 있는 사다리는 치워졌고, 개인의 노력만으로는 사회적인 성취를 이루기 어렵다. 대신 부모의 능력이 절대적으로 중요한 요소가 되었다.

우리 아이들이 살아가는 현대 사회의 모습을 적나라하게 보여주는 것이 있다. 국정 농단의 주역 최순실의 딸 정유라의 발언과, JTBC 인기 드라마 SKY캐슬에서 한서진염정아 분의 발언이다. 최순실의 딸 정유라는 '공정'을 이야기하는 청년들에게 "능력 없으면 너희 부모를 원망해. 있는 우리 부모 가지고 감 놔라 배 놔라 하지 말고. 돈도 실력이야"라며 조롱했다. SKY 캐슬에서 한서진은 "부모가 얼마나 노력하느냐에 따라 아이들의 인생이 달라진다"며 아파트 한 채 값으로 입주 입시 코디를 들인다.

정유라의 발언과 한서진의 대사는 청년들의 경쟁이 그들의 능력만으로 이뤄지지 않음을 보여준다. 한 조사에 따르면 성공을 좌우하는 가장 중요한 요소 1위가 '부모의 재력', 2위는 '부모의 직업이나 사회적 신분'이고, '본인의 의지와 노력'은 5위로 나타났다. 그런데 부모의 경제적 여건을 배제하고 학생의 노력과 타고난 잠재력만으로 측정할 경우 강남구와 강북구의 서울대 합격률은 각각 0.84%, 0.50%로 그 차는 1.7배에 불과했다.

그러나 2014년 입시에서 강남구와 강북구의 실제 서울대 합격률은 각각 2.07%, 0.11%로 약 20배 차이가 났다이상 주간조선 2017.4.3. 이것은 '시험을 보는 것만 공정'할 뿐이고, 시험장에 들어가기까지의 과정은 본인의 노력과 능력이 아니라 부모의 경제력에 달려 있다는 것을 보여준 것이다.

사회로 나가기 위한 첫 관문부터 부모의 능력이 결정적 역할을 했다는 것이다. 불평등하고 불공정하게 기울어진 운동장이다.

세상의 모든 자녀는 자기 의지와 관계없이 3억 분의 1의 확률로 부모 - 자식 관계를 맺었다. 좋게 말하면 깊고 넓은 인연이다. 그러나 그 한 번의 우연과 확률로 1%, 10%에 속하는 사람과 부모-자식의 인연을 맺느냐 맺지 못하느냐가 결정되고 운명이 달라진다. 자신의 노력과 능력이 아닌 부모의 사회적 지위와 경제력에 따라 미래가 결정적으로 영향을 받는다면 자식 입장에서는 얼마나 억울하겠는가?

부모의 사회적 지위와 재산에 따라 자식의 미래가 결정적으로 영향을 받고, 세대가 바뀌면서 똑같은 상황이 되풀이 된다면 우리 사회는 외면적으로는 계급 없는 사회지만 내면적으로는 '보이지 않는 제도화된 계급 세습 사회' 라고 할 수 있다.

2016년에 "민중은 개·돼지로 보고 먹고 살게만 해주면 된다", "신분제를 공고화시켜야 한다"는 교육부 고위 관리의 발언은 한국 사회의 현실을 그대로 보여주고 말았다. 또한 소수의 기득권이 현 질서를 유지하고 강화하려는 의식이 있음을 드러냈다.

우리는 자신의 노력과 능력으로 평가받아 사회적 신분 상승과 계층 이동이 자유로운 공정하고 정의로운 균형 사회를 만들어나가야 한다. 그것은 서민과 그 자녀들만을 위한 것이 아니다. 상위 1%를 포함하여 한국 사회에서 사는 구성원 모두를 위한 것이다. 사회구성원이 한국 사회에서 소속감과 유대감을 갖지 못하여 통합보다는 분열로 나갈 때 한국 사회는 불안해지고 성장 동력은 약해진다. 그런 현상이 장기화될 때의 결과를 역사와 현대 세계에서 확인할 수 있다.

역사는 세습이 확대 재생산되어 중산층이 붕괴되고 상층과 하층만으로 나뉘는 양극화 사회로 갈 때, 그 사회는 내부 분열이 일어나 약해지고 결국 멸망의 길을 걸었음을 보여주었다. 현대 세계에서 양극화된 국가는 한 국가에 두 국민이 존재하면서 사회적으로 극심한 불안을 겪고 있다.

자본주의 시장 경제는 자유로운 경쟁을 원칙으로 하므로 사회적으로 상층-중산층-하층이 형성된다. 그런데 자칫하면 경쟁이 극대화되어 양극화를 초래할 수 있다. 그 결과는 국민 누구도 행복하지 않은 사회를 만든다. 때문에 국가는 정책적으로 경제 성장의 과실이 지나치게 상층에 집중되지 않도록 하고, 중산층이 하층으로 떨어지지 않도록 하며, 하층을 중산층으로 상향시키는 노력을 하여야 한다. 중산층이 두터워야 사회가 안정되고 경제적인 성장이 지속된다.

승자 입장에서도 장기적으로 가져가는 과실이 한 번에 가져가는 과실보다 더 많다. 황금알을 낳는 거위를 죽이지 않았다면 매일 황금알을 얻었을 텐데, 한 번에 많이 얻기 위해 죽여 더 이상 황금알을 얻을 수 없었다는 우화에서 얻는 교훈처럼 말이다.

서민 기성 세대가 자식의 미래를 행복하게 해주고 싶다면 지금의 사회를 바꿔야 한다. 부모의 능력과 관계없이 자신의 능력으로 평가받는 공정한 사회 시스템을 만들어야 한다. 그것이 서민 아빠인 나의 바람이다.

5장

공정한
재판을 위한
대안

2008년 6월 미국산 쇠고기 수입을 반대하면서 수많은 사람이 야간에 촛불을 들고 시위하다가 경찰에 체포되었다. 대한민국의 집시법 규정에서는 야간 집회를 금지하고 있었기 때문이다.

그때 체포되어서 재판을 받던 안진걸 광우병대책위원회 조직 팀장은 재판 진행 중에 야간 옥외 집회를 금지한 현행 집시법 조항에 대해 위헌 법률 제청을 신청했다. 그리고 서울중앙지법 박재영 판사가 이를 받아들여 안 팀장의 재판을 중단하고 보석으로 석방했다. 아울러 헌재의 결정이 나올 때까지 안 팀장에 대한 선고를 연기하고, 촛불 현장에서 붙잡혀 이 혐의로 기소된 연행자 수백 명에 대한 선고도 헌재 판결 이후로 넘어갔다.

그때 헌재에 위헌 법률 심판을 제청하며 민주주의와 인권에 관해 소신을 지킨 박재영 판사에 대해 〈조선일보〉는 딴죽을 걸며 맹공세를 펼쳤다. 차라리 법복을 벗고 시위에 나가라고 인격 모독을 하며 힐난한 것이다. 사설까지 동원하며 사법부를 흔들어댔는데, 대법원 수뇌부에서는 오히려 박재영 판사에게 뒷말이 나오지 않도록 주의하라는 취지의 꾸지람을 하기도 했다. 당시 상관이었던 부장판사와 신영철 서울중앙지방법원장의 핍박이 계속되면서 결국 법복을 벗게 되었다.

법관으로서 소신을 지키려다 상부의 압력과 정권의 직접 탄압으로 판사의 자리를 내놓은 양심 있는 촛불판사 박재영 판사는 법복을 벗으며 "현 정권의 방향과 내 생각이 달라서 공직에 있는 게 힘들고 부담스러웠다"라는 마지막 변을 남기면서 "지금과 같은 정부의 모습에 진정성이 느껴지지 않고, 앞으로도 바뀌지 않을 듯해서 공직을 떠나기로 했다"라고 덧붙였다.

그런데 판사의 입에서 정권의 방향과 판사의 생각이 어떤 관련이 있다는 발언을 그냥 넘기기에는 너무 의미심장하다. 왜 법을 판단하는 판사가 정권의 방향 때문에 힘들고 부담스러웠을까? 왜 법을 판단하는 판사가 사회 전체의 큰 틀에 대한 이해가 필요하다고 말하면서 강조하고자 했을까?

반면에, 촛불 재판에 노골적으로 개입해 국민과 사법부 내에서 손가락질의 대상이 되었던 신영철 서울중앙지방법원장은 같은 시기에 보란 듯이 대법관의 자리에 올랐다. 이명박 정권에서 재판 독립이 심각하게 훼손되자, 일부 정의로운 판사들은 위기의식을 느끼면서 분노하게 되었다.

2009년 5월 각급 법원에서 판사 회의를 개최하면서 신영철 대법관의 용퇴를 압박하고 나섰다. 이른바 제5차 사법 파동이었다. 신 대법관은 승승장구하고, 어쩌면 동문 선배인 이명박 대통령 편에 섰더라면 승승장구했을 박재영 판사가 출세의 길을 마다하고 소신과 양심을 굽히지 않다가 법원을 떠나는 상황을 받아들이기엔 수많은 동료 법관의 자괴감과 한탄이 컸던 것이다.

결론적으로 박재영 판사의 위헌 법률 심판 제청은 2009년 헌재의 헌법 불합치 결정으로 이어졌다. 집회와 시위의 자유에 관한 국민기본권의 신장이라는 측면에서 중요한 결정이었으며, 여기에 박재영 판사의 공이 컸음은 당연하다.

이러한 사건의 추이를 지켜볼 때, 정치는 항상 권력을 지향하고 있음을 알 수 있다. 권력은 한 번 장악한 정치적인 지배력을 끝없이 유지하고 영원히 유지하고자 한다. 목적을 달성하기 위해 수단과 방법을 가리지 않으며 정치권력으로 법을 만들고 좌지우지하며 행사하고자 한다. 권력층은 더 완벽하고 철저하게 통치하면서 자신의 자리를 지키기 위해서라면 어떤 것에도 거침이 없다. 결국 그들이 추구하는 것은 사람을 차별하고 계급을 나누는 위계 사회다.

그래서 권력기관을 정치로부터 독립시켜 정치권력의 자의적인 인사를 방지해야 한다. 권력기관은 합법적으로 주권자의 권리를 억압하고 제한할 수 있기 때문에 나쁜 권력에 이용되면 그 피해는 온전히 주권자에 돌아가기 때문이다. 검찰이 수사에서 정치적 중립성과 공정성을 지키도록 하려면 그들에 대한 인사가 공정하고 중립을 지킬 수 있도록 제도부터 갖춰야 할 것이다. 더불어 검사들 또한 검찰권을 법과 양심에 따라 행사해야 한다.

판결의 독자성 보장이 대안이다

◆ ◇

　　1952년 국회의원 서민호 의원이 이승만 독재 정권을 비판하다 자신을 살해하려 한 육군 대위를 사살하자 법원에서는 정당방위라며 무죄를 선고했다. 이에 이승만 대통령이 화를 내자 "판사가 내린 판결은 대법원장인 나도 이래라저래라 할 수 없으니 이의가 있으면 항소하시오!" 라고 말한 사람이 있다. 바로 사법 독립의 기초를 세운 김병로 초대 대법원장이다.

　　대법원에서 헌법 그 자체였던 김병로 대법원장이 대쪽같이 지켜내고자 했던 사법권의 독립이란, 대법원의 결정에 대해 정치적·행정적인 간섭을 받지 않으며, 누구의 지휘나 명령에도 구속되지 않는 것을 말한다. 어떤 비판과 개혁의 요구도 용납되지 않는 절대 신성한 법적 권리를 의미한다. 헌법 제103조는

"법관은 헌법과 법률에 의하여 그 양심에 따라 독립하여 심판한다"라고 규정하여 법관의 독립을 보장하고 있다.

사법권의 독립은 권력의 분리를 실현하고, 민주주의 법치국가에서 법 질서의 안정적 유지와 국민의 자유 및 권리를 완벽하게 보장하기 위해 공정한 재판을 확보하기 위한 제도다. 공정한 재판은 사법권의 독립이 보장되지 않고는 달성될 수 없다. 이에 따라 사법권의 독립은 그 자체가 목적이 아니라 공정한 판결의 독자성을 보장하여 결국 인권의 보장, 약자의 보호와 헌법 수호라는 임무를 완수하기 위한 헌법의 원리인 것이다.

분쟁을 최종적으로 법이 해결할 때 각각의 상충하는 이해관계를 입맛에 맞게 모두 설득시킬 수는 없다. 법은 항상 수많은 모순을 해결하는 분쟁이라는 전쟁터의 한가운데에 있다. 기본권 대 기본권의 대결, 위법 행위 대 정당방위의 해결, 권리 대 권리의 상충 등 어느 법정에서도 원고와 피고의 입장이 일치하는 경우는 없다. 따라서 법정에서는 공권력으로 복종을 요구하고, 강제로 분쟁을 종료시킨다.

일반인을 상대로 설득시키려면 판결을 인정하고 승복할 수 있도록 법관이 자신의 법리를 논리적·법적으로 타당성 있게 입증해야 한다. 구체적인 사건에서 일반인이 판사를 직접 선택할 수는 없으므로 사법부에 대한 신뢰가 중요하다. 법관이 판결로 정당하고 설득력 있게 입증해낸다면 어떤 비판이나 비난에 대해서도 두려워할 필요가 없다.

그렇다면, 판결이 옳든 그르든 재판에 임한 사람들은 그 법적인 힘에 복종해야 하며, 어떠한 비판도 없이 받아들여야 하는 걸까?

사실, 판결을 떠나 사법부와 법관에 대한 사람들의 신뢰가 굳건하다면 사법부의 독립과 판결의 책임감 있는 독자성 달성이 불가능한 꿈은 아닐 것이다. 이를 위해서는 무엇보다도 법관에게 윤리 의식과 도덕성이 요구된다. 법관 한 명 한 명이 법 그 자체이기도 하므로 법관의 질은 곧 그 나라의 사회 정의의 질을 결정하기도 한다. 어떤 상황에서도 헌법을 수호하고 정의를 지켜내는 것이야말로 법관 개인의 몫이다.

사법권의 독립은 곧 법관의 재판상 독립을 뜻하며, 판결의 독자성을 보장함으로써 법관의 신분상 독립과 법원의 독립을 이루게 한다. 그러므로 사법부는 사법부 내외적인 관계, 사건 당사자와의 관계, 행정부와 입법부와의 관계, 과거 청산 및 미래를 설정하는 데 있어 어떻게 정의로운 결과와 유종의 미를 남길 것인지 깊이 성찰해야 한다.

　사법부는 아직 해결해야 할 많은 골칫덩어리를 끌어안고 있
다. 서열 위계, 권위주의, 관료 사법제도, 말뿐인 합의부 재판,
제왕적인 대법원장의 권력 등과 같은 내적 문제를 자발적인 힘
으로 청산해야 한다. 또한, 사법부 외적인 문제인 검찰 권위주
의, 전관예우 등도 해결해야 한다. 이러한 내외적인 문제를 해
결하지 못한다면 또다시 사법 파동이 일어나 사법 개혁이 단행
되어 헌법 개정까지 해야 할 일이 벌어진다.

　사법부의 독자성과 책임론, 민주주의에 입각한 방향으로 헌
법을 개정하여 법관의 재판상 독립을 더욱 강화하여 판결에 독
자성을 부여할 수 있는 방향에서 균형을 이루어 추진해나가야
할 것이다.

판사의 판결문 공개에 대한 책임론

◆ ◇

"재판의 심리와 판결은 공개한다."

대한민국 헌법 제109조의 첫 문장이다. 그리고 이어서 "다만, 심리는 국가의 안전보장 또는 안녕질서를 방해하거나 선량한 풍속을 해할 염려가 있을 때는 법원의 결정으로 공개하지 아니할 수 있다"라고 단서를 달았다. 헌법 제정자들은 심리에 대해선 단서를 달면서 판결 공개에는 아무런 제한도 두지 않았다. 그 이유는 법관이 선고한 판결은 무조건 공개하여 공정하고 투명한 재판이 되게 하고 대중의 알 권리를 보장하기 위해서다.

그런데, 이 규정은 제대로 지켜지지 않고 있다. 일반인은 물론이고 법률 전문가조차 판결문을 열람하기가 쉽지 않다. 판결문을 검색하는 절차부터 낙타가 바늘구멍 통과하는 것만큼이나 힘들다. 서울 서초구 대법원까지 직접 찾아가서 청사 3층에 있는 판결정보 특별열람실을 이용해야 한다. 대법원 홈페이지의 판결문 방문 열람을 신청하려면 2주 전부터 예약할 수 있다. 정각 자정에 예약 서비스가 오픈되면 10분 만에 마감되곤 한다.

이처럼 한 번이라도 판결문을 구하려고 시도해본 사람은 판결문이 '공개가 아니라 비공개가 원칙이 아니냐'고 입을 모아 불만을 터트린다. 이중 삼중 장치로 판결문을 숨겨놓고 일부만 예외적으로 공개한다.

또한, 대법원은 판결문을 꽤 까다로운 방법으로 공개한다. 그 대상도 확정된 판결문만 제한을 두어가면서 열람시킨다. 개인정보 보호가 가장 큰 이유로 기업의 영업 비밀, 성폭력 등 범죄 피해 상황이 적나라하게 드러난다는 문제가 있어 제한을 둔다고 한다.

일례로 형사 사건 판결문 원본에는 피고인의 주민등록번호, 주소지, 전화번호부터 그가 어떤 혐의를 받고 있는지, 범행에 동원한 흉기와 수법은 무엇인지 등이 생생히 적혀 있다. 공범은 물론 피해자와 참고인, 증인 등의 실명도 볼 수 있다.

이처럼 판결문에는 소송 당사자의 주소나 이름, 주민등록번호 등이 기재되어 있고, 기업 사건에는 영업 비밀이 노출될 우려가 있다. 법원이 외부에 공개하는 판결문은 원본이 아닌 사본으로 민감한 개인정보를 감추는 비실명화 작업을 거치는데 비용이 만만치 않게 들어간다. 판결문에 여러 번 등장하는 이름 중 단 하나라도 실수로 블라인드 처리를 빠뜨리면 개인정보가 유출되고 마는 것이다.

형사 사건 판결문 중에 아직 확정되지도 않은 하급심 판결문이 아무 제한 없이 공개되다 보면 개인의 각종 신상정보가 외부로 유포될 가능성이 있다. 그래서 범죄 피해자는 2차 피해를 보고, 증인이나 참고인은 보복 위협에 시달리게 될 가능성이 매우 크다. 이렇듯 법원이 판결문 공개를 최대한 제한하는 핵심적 이유는 개인정보 보호 때문이다.

하지만, 이런 이야기를 믿는 사람은 많지 않은 것 같다. 대법원 관계자들이 퇴직하면서 판결문 초고, 재판 자료, 연구보고서 등을 법원 바깥으로 유출한 사례가 검찰 수사를 통해 드러난 것이다. 판사들이 정말로 걱정하는 것은 자신들의 권위 저하라고 말하는 목소리가 더 크다.

한 달에 수십 건씩 처리해야 하는 상황에서 자신이 쓴 판결문

하나하나가 외부에 공개됨으로써 논쟁이 되는 상황이 벌어져서 평판이 나빠지거나 언론을 통해 논란과 파장을 감당할 수 없기에 두려운 것도 사실일 것이다.

실제로 법원 내부 설문 조사에 따르면 판사 10명 중 7~8명은 미확정 판결문을 공개하는 데 부정적이었다. 그러나 같은 시기 금태섭 의원이 국민 1,000명을 상대로 설문 조사한 결과 80% 이상이 공개에 찬성했다. 같은 시기 대한변호사협회에서 제출한 자료에서도 변호사 10명 중 9명이 공개를 원했다.

〈판결문 공개에 대한 시각차 (단위:%)〉

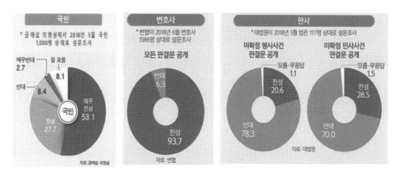

* 금태섭 의원실에서 2018년 5월 국민 1,000명 상대로 설문조사

그렇다면, 공명정당해야 할 재판에서 발생하는 오류는 얼마

나 될까?

집계하기가 쉽지는 않지만, 판결문 정정 신청 건수를 통해 알수 있다. 이름, 주소, 형량이나 죄명을 잘못 기재하거나 원고와 피고를 잘못 쓴 경우 등이 해당한다. 더불어민주당 금태섭 의원실이 대법원으로부터 받은 자료에 따르면, 2011년부터 2016년 6월까지 민사는 2만9,972건이고 형사는 1,164명에 대해 판결 경정이 이뤄졌다. 통계보다 오류는 더 많을 수 있는데, 하급심에서 오류가 발견되는 경우 항소하기 때문에 따로 정정 신청을 하지 않기 때문이다.

이와 같은 오류는 사법 불신을 낳을 수밖에 없다. 따라서 많은 전문가가 판결문을 공개하는 것이 해결책이라고 입을 모아 말한다. 판결문을 완전한 방식으로 공개하는 것이야말로 정확하고 공정한 판단을 할 수 있게 만든다. 판결문을 공개함으로써 어떤 판사가 누구에게 어떤 내용의 판결문을 했는지 드러나면서 전관예우와 같은 폐단을 막는 특효약이 될 수 있다.

법관들이 우려하는 개인정보 유출과 같은 부작용과 판결문 투명 공개가 가져올 긍정적 효과를 비교했을 때, 전자와 후자중 어느 쪽이 더 효과가 클까?

금태섭 의원은 "개인정보 보호 논리가 판결문 공개를 막는다면 공개 재판도 잘못이라는 말이 가능하다. 기술적으로 해결 가능한 개인정보 보호 문제로 국민의 사법 접근권이 달린 판결문 공개를 제한해선 안 된다"라고 말했다. 현재 국회에는 미확정 판결문 공개를 가능하게 하는 내용의 민사소송법 · 형사소송법 개정안이 계류되어 있다.

재판 제도의 신설

◆ ◇

우리는 법을 제대로 알고 있을까?

우리가 아는 법은 기본 중의 기본으로 자연법 정도일 것이다. "살인하지 말라, 도둑질하지 말라, 거짓말로 남을 현혹하지 말라" 등과 같은 정도다. 법을 전공하지 않고는 수천 가지 항목의 법 조항들을 요리조리 피해 가면서 완전무결하게 살 수는 없을 것이다. 재판장에 가보면 마치 법이 함정을 파놓고 덫에 걸리기를 기다리고 있는 것 같기도 하다. 사람들은 정말 죄를 짓기도 하지만, 법을 잘 몰라서 죄를 짓기도 하고, 부주의로 저지르기도 한다.

법은 이 시대를 살아가는 현 사회에서 정한 규칙이자 약속이다. 그렇다면, 법은 항상 정의로울까?

법은 인간이 만든 법이 있고, 이전부터 그 사회에 속한 자연법, 즉 세상의 이치 같은 것이 있다. '살인하지 말라' 는 자연법은 당연히 지켜야 하는 세상의 정의이자 약속이다. 살인의 단죄는 정의롭지만, 교통 질서를 지키지 않는다고 정의롭지 않은 것은 아니다. 사회 질서를 지키기 위한 규칙이지, 정의라고 할 수는 없기 때문이다.

정의를 구현하려면 누가 정의로운지를 심판하고, 정의의 이름으로 집행해야 한다. 잘 만든 법이 있다고 해도 정의 구현은 사람의 의지에 달렸다. 법은 정부나 국회의원이 발의해서 입법 과정을 거쳐 공포 후 시행한다.

이러한 법이 항상 정의롭지만은 않은 이유가 있다. 사법적 정의를 구현하는 최후의 수단인 재판이 다른 것들에 비해 정의로울 것이라는 믿음이 있지만, 항상 정의롭지만은 않았기 때문이다. 역사 속의 재판을 보면, 정치적 보복이나 정적을 제거하는 수단으로 활용하기도 했다.

'유전무죄 무전유죄' 라는 말은 지금까지도 사법이 정의로운지를 물을 때 자주 회자되는 말이다. 그런데도 법은 사회 현상을 반영하는 강력한 도구로써 과거의 규칙과 세상의 이치를 바탕으로 합의해 도출한 룰이다. 하나의 룰을 만들기 위해 다양한 사람들의 입장과 이익을 지키기 위해 치열하게 싸웠기 때문에 균형성과 탄력성을 유지하고 있다.

법대로 하기 위해 재판까지 갔을 경우, 무죄를 받을 방법이 있다면 많은 사람이 그편을 택할 것이다. 실제로 국민참여 재판의 무죄율은 일반 형사 재판의 무죄율에 비해 2.5배가 더 높다는 결론이 나오기도 했다.

국민참여 재판의 경우, 변호사와 검사 간의 치열한 법정 공방이 이뤄지고, 일반인들로 구성된 배심원의 평결을 거치기 때문에 피고인 역시 재판 결과에 대한 불신이 많이 사라진다. 이렇게 높은 무죄율을 보이는 이유는 배심원들이 주관적 요소인 '고의' 판단에 엄격한 잣대를 들이대어 유죄에 대한 확신 없으면 무죄를 선고하기 때문이다.

전 세계적인 경향을 보면 배심원들은 판사보다 무죄에 치우친 부분이 있다. 이는 일반 시민이 판사나 공판 검사와는 다른 잣대로 사건을 바라본다는 점을 의미한다. 또한, 제출된 증거를 가장 많이 참고하여 공개된 법정에서 모든 증거 조사 및 양형 조사가 이뤄져 객관성과 합리성을 담보하기 때문이다.

그러나 2008년 재판의 투명성을 확보하자는 취지로 시행된 국민참여 재판은 감정에 치우칠 우려가 높은 여론 재판을 꺼리는 피고인들로 인해 10년 넘게 시행률 1%를 넘지 못하고 있다. 미국의 경우, 피고인이 참여 재판에 대한 선택권이 없는 것과 달리 우리나라는 피고인에게 선택권을 주고 있다. 따라서 피고인의 선택에 제한을 두거나 현재 형사 재판에서 민사 재판까지 확대하고, 배심원의 다양한 연령층을 고려한다는 등의 개선점이 필요하다.

　또한, 무작위로 배심원 소환장을 보냈을 때 시민들이 법원에 출석하지 않는 비율이 높은데, 제도적 보완을 통해 참여율을 높여 재판의 객관성을 높일 필요성이 있다. 법은 사회 변화를 따라가는 데 늦다. 참여 재판으로 국민의 인식과 문화의 변화를 법이 수용해가도록 해야 한다.

법관의 윤리의식과 책임론 강화

◆ ◇

법을 집행하는 현실에서 보았을 때, 국회에서 제정되는 법은 기본 틀만 정할 뿐 구체적이고 세세하게 모든 사안을 다 정할 수는 없다. 그래서 갭이 발생하는 데 그 갭을 행정부에서 메꾸고 채우게 된다.

이때, 행정권을 집행하는 최고 권력자인 대통령이 법의 제정 취지에 맞도록 합당하고 정당하게 법을 해석하고 법 정신을 실천할 것이라는 신뢰가 생기지 않는 이유는, 우리의 역사가 잘 가르쳐주었다. 특히, 독재 정권을 유지하고 확장할 경우에는 더욱더 그러했다.

법관은 판결로 말해야 하며, 외압에 흔들리지 않아야 한다. 모든 국민은 정의로운 법에 따라 자유와 권리가 보장받기를 희망한다. 사법부는 국민 기본권 보장의 최후의 보루로 국민이 믿고 의지해야 하는 기관이다. 그러나 여기에도 신뢰가 생기지 않는 이유가 있다. 법률이 아무리 명확하더라도 법관이 주관적 해석, 즉 개인의 세계관이나 역사관, 철학 등에 따라 결과에서 차이가 생기게 되기 때문이다.

통치는 대통령이 한다고 하더라도 사법부는 독립이 보장되어 있으므로 재판에는 권력이 미치지 않아야 한다. 이것은 현대 자유민주주의 국가이자 법치주의 국가에서 반드시 지켜내야 하는 철칙이기도 하다. 만약, 여기에서 무너지면 더 이상 법치국가라고 할 수 없다고 봐야 한다. 사법부에 대한 권력의 통제가 단기적으로 눈앞의 이익은 얻을 수 있을지 모르지만 장기적으로 정치적 손실이고 정치적 지지 확대에 치명적 약점으로 남는다.

반면에, 권력자의 희망을 저버리는 판결을 내리면 법관들도 그 자리를 더 이상 지키기 어렵게 된다. 결국, 연이어 사임하는 사태가 벌어진다. 예를 들어, 김재규 내란 목적 살인사건을 보면 그렇다.

1979년 10·26 사태의 김재규는 박정희 대통령을 암살한 후에 체포되어 신군부에 의해 재판을 받는다. 재판은 일사천리로 진행되어 사형 집행이 되었다. 그런데 죄목은 내란 목적 살인 및 내란 미수죄였다. 내란 목적 살인죄란, 국토를 참절하거나 국헌을 문란하게 할 목적으로 사람을 살해함으로써 성립하는 범죄로, 김재규에 대한 죄목이 올바른 법 적용인지 여부가 최대의 쟁점이 되어 전원합의체로 사건이 넘어가게 되었다.

그러나 김재규에게는 계획된 내란의 음모나 예비도 없었고 한 지방의 평온을 해할 만한 폭동도 없었고 국헌 문란의 목적이 없었다는 것이 주된 상고 이유였다. 이러한 변호에 대해 당시 민문기 등 6인의 대법관은 '자연인 박정희'를 살해한 행위가 국헌 문란 목적의 살인 행위는 아니라는 의견을 냈다. 또 내란죄가 성립하려면 한 지방의 평온을 해치기에 충분한 폭동을 일으킬 만한 다수인이 동원되어야 하는데, 10 · 26 사태는 그렇지 않다는 점도 근거로 들었다.

비록 소수 의견이었지만 박 전 대통령 사후에 정권을 잡은 전두환 정권은 발끈했다. 신군부 장교들을 중심으로 '박 전 대통령에게 불충한 대법관들의 직을 박탈해야 한다'는 여론이 들끓었다. 그리고 전두환의 신군부는 이래저래 자신들에게 자의든 타의든 협력하는 법률가의 도움을 받아 권력을 장악했다.

역사적으로 이러한 사태를 봤을 때, 현실적으로 사법부의 독립이 지켜질 것이라 믿는 것은 순진한 생각일지도 모른다. 권력자의 정치 생명이 걸린 사안이면 그들은 수단과 방법을 가리지 않고 어떠한 극단적인 조처를 해서라도 자신의 자리를 지켜낼 것이다. 영화나 드라마에서만 있는 일이 아니다. 사법부의 독립은 세상 여느 독립과 마찬가지로 그냥 얻어지는 것이 아니다.

민주주의의 발전, 인권 옹호, 경제적 발전, 시대정신의 발견, 법치주의, 사회 공정성 강화, 사법부의 독립, 정치의 발전, 사법 개혁, 법관의 독립, 성군과 같은 대통령 등을 국민은 요구한다. 현시대에서 사법 개혁을 했음에도 기득권의 이익을 옹호하는 기존의 판결이 계속 이어진다면 사법 개혁이라고 할 수 없다. 도덕과 윤리, 양심을 거추장스러운 구시대의 낡은 유물로 인식하지 말아야 한다. 사법 개혁의 결과는 좋은 판결로 나와야 한다. 좋은 판결은 우리나라의 현재와 미래에 큰 영향을 미친다. 그러려면 좋은 법관을 많이 확보해야 한다. 법원의 관료주의를 깨고 인권의식과 민주의식을 갖추고, 전문적이고 도덕·윤리적인 교육으로 좋은 법관을 양성해야 한다.

"법관은 공정하고 청렴하게 직무를 수행하며, 법관에게 요구되는 높은 수준의 직업 윤리를 갖추어야 한다"는 법관윤리강령처럼 법과 양심에 따른 공정한 재판을 하길 바란다.

좋은 국가의 조건은?

인간은 행복한 삶, 좋은 삶을 추구한다. 그러나 좋은 삶, 행복한 삶의 내용을 일반화하여 말하기 어렵다. 때론 현재에 만족하여 마음이 평온하면 그것이 행복한 삶이라고 하기도 한다. 그러나 현 상황에 만족한 사람이 있다고 하더라도 그러한 모든 삶을 좋은 삶, 행복한 삶이라고 하기 어렵다. 자신의 삶에 만족하는 노예도 있을 수 있기 때문이다. 타인에 의해 자유가 제한된 사람의 삶은 결코 좋은 삶, 행복한 삶이 아니다. 노예의 자유는 권리가 아니라 주인의 선의에 의해 주어진 것으로 언제든지 회수되는 자유로 진정한 자유가 아니다. 자유의 외피를 쓴 자유다.

인간의 좋은 삶, 행복한 삶은 무엇을 하기 위한 '수단' 이 아니라 '목적' 그 자체다. 아리스토텔레스는 좋은 삶, 행복한 삶을 에우다이모니아 (eudaimonia)라고 하면서 인간의 모든 행동과 선택은 좋은 삶, 행복한 삶을 목표로 한다고 했다.

그러면 어떤 것이 좋은 삶, 행복한 삶의 조건인가?

한 나라의 국민이 행복할 수 있는 사회조건은 유엔 산하 자문기구인 지속가능발전해법네트워크(SDSN)의 국민행복도조사에서 추론할 수 있다. SDSN의 행복지수는 1인당 국내총생산GDP, 사회적 지원, 기대수명, 선택의 자유, 사회적 관용, 부패 수준 등을 토대로 산출한다. 전 세계 156개국을 대상으로 국민행복도를 조사한 〈2018 세계행복보고서〉에 따르면 핀란드가 1위, 그 뒤를 노르웨이, 덴마크, 아이슬란드, 스위스, 네덜란드, 캐나다, 뉴질랜드, 스웨덴, 호주 순으로 이어진다. 한국은 57위, 미국은 18위를 기록했다. 이들 국가 순위에서 상위권에 있는 국가들의 공통된 특징은 보편적 사회복지를 추구하는 북유럽 국가들이고, 신자유주의적 자본주의 시장경제 질서를 채택하고 있지 않다는 점이다. 보편적 복지와 비非신자유주의 질서를 채택한 국가의 공통된 특징은 국가의 역할이 컸다.

좋은 삶, 행복한 삶은 '인간으로서 존엄과 가치가 구현된 삶' 이다. 우리 헌법 제10조는 "모든 국민은 인간으로서의 존엄과 가치를 가지며, 행복을 추구할 권리를 가진다" 라고 하였다. 인간으로서 존엄과 가치의 구현을 기반으로 행복을 추구한다. 인간으로서 존엄과 가치가 구현될 수 있는 조건은 인류 역사 속에서 형성되어온 '인권 존중', '정의', '생명권', '자유', '평등' 과 같은 '인류 보편적 가치' 를 실현하고 보장하는 데 있다.

인류 보편적 가치를 실현하기 위해서는 개인의 자유를 기초로자유주의, 국민의 정치 참여가 권리로 보장되고민주주의, 국가 권력은 국민 모두를 위해 사용해야 하고공화주의, 최소한의 인간적 삶이 보장되어 생명권과 노동의 자유권을 가져야 하고복지주의, 국민 모두가 함께 성장하고 성장 과실을 더불어 나누어 지속가능한 성장 체제를 유지하는 것동반성장주의이 필요하다. 행복지수가 높은 상위권 국가들의 공통된 제도적 특징이다. '자유' 는 인간의 모든 활동의 기본이고 토대다. 인간은 자유롭기 때문에 평등하다. 자유는 타인의 자유를 침해하지 않는 한 보장되어야 한다. 자유는 외부의 강압으로부터 자유소극적 자유뿐 아니라 자아 실현을 향한 자유적극적 자유까지 추구할 수 있도록 해줘야 한다.

민주주의는 개인의 삶에 직·간접 영향을 주는 국가 정책이 정치 영역에서 결정되기 때문에 1인 1표의 원칙 아래 국민이 자유롭게 정치의 장에 참여하여 권리를 행사하고, 정책 결정 과정에 참여할 수 있어야 한다. 권력 선출을 직접하고, 정책 결정 과정에 자신의 이해를 반영하는 것이다.

그러나 과학기술의 발전과 자본주의 시장경제는 국민의 정치 참여만으로는 좋은 사회를 만드는 것을 어렵게 한다. 경제력 집중에 대한 적절한 제어가 없으면 소수에게로 경제력이 집중되면서 경제 권력이 확대 재생산되어 정치를 왜곡시킬 수 있기 때문이다. 따라서 경제 권력에 의해 평범한 서민의 이익보다 소수 경제인의 이익을 보장하는 정치 왜곡 현상이 발생하지 않도록 적절한 조치가 필요하다.

공화주의는 개인이 좋은 삶을 누리기 위해서는 좋은 사회가 필요하다는 인식을 바탕으로 한다. 구성원이 합의한 법의 지배로 국가 권력이 국민 모두를 위해 공평하게 사용되어야 한다는 것이다. 공평하게 사용된다는 것은 다수의 이해를 위해서도 아니고, 소수의 이해를 위해서도 아니다. 사회 구성원 모두에게 이익이 되고, 보편적으로 인식될 수 있는 이익, 즉 공동선을 위해 사용하는 것이다. 소수의 이해를 위한 권력 사용은 이명박, 박근혜 정부에서 체험했다. 특히 박근혜-최순실에 의한 헌법 농단 사태는 공화주의의 중요성을 확실히 했다.

보편적 복지는 인간의 자유를 보장해준다. 자본주의 시장경제에서 인간이 자신의 자유를 스스로 제한하는 것은 빈곤과 같은 경제적 조건이 절대적 이유다. 복지제도가 잘 갖춰진 국가에서 노동자는 실직했을 때도 실업급여나 실업 부조에 의해 최소한의 생활이 안정되고, 국가와 기업체, 지자체 등에 의해 직업 전환을 위한 충분한 교육을 받아 새로운 직장으로 이전

할 수 있는 노동의 자유권을 갖는다. 기업 입장에서 노동의 자유권이 보장되면 기업가의 경영 전략에 대한 노동자의 반발이 없거나 약해지기 때문에 경영 활동의 폭이 넓어진다. 기업 활동이 자유롭게 되면 혁신이 자유로워져 사회 전체적으로 경제 성장이 촉진된다.

동반 성장은 경제는 성장하는데 불평등이 확대되어 양극화되는 현상과 관련이 있다. 경제가 성장하면 국민의 경제적 삶의 질도 향상되고, 불평등은 줄어들거나 중산층이 두터워야 한다. 자본주의 황금기로 불렸던 1950년에서 1973년까지 23년간의 시기가 그렇다. 국가, 기업, 가계 모두 성장했고, 중산층은 두터워졌으며, 완전 고용에 가까웠다.

그러나 1970년대 후반부터 시작된 스태그플레이션으로 신자유주의를 사회 작동 원리로 하는 신자유주의적 자본주의 시장경제 질서가 확립되고 세계화로 개방화되면서 지구촌은 양극화 사회로 변했다. 그 이유는 경제 과실이 상위 소수에게 집중되었기 때문이다. 따라서 신자유주의를 대체할 새로운 사회운영작동 원리가 필요하다. 그것이 함께 성장하고 더불어 나누는 동반 성장이다.

동반성장주의를 사회운영 작동 원리로 하는 동반성장적 자본주의 시장경제 질서를 구축하여 지속 성장 가능한 사회를 만들어야 한다. 그러나 신자유주의가 우리 사회의 주된 사회운영 작동 원리로 기능하면서 자유의 평등에서부터 민주주의, 공화주의 등 모든 것이 형식은 유지하지만, 내용은 왜곡되고 있다. 인간의 삶을 좋은 삶, 행복한 삶으로 만들 새로운 사회운영 작동 원리가 필요하다.

새로운 사회운영 작동 원리를 '동반 성장 공화주의'를 기반으로 구성할 수 있지 않을까?

불요불굴不撓不屈**의 핵심 키워드**

판결 **양심** 사법부

과거사 적폐세력 사법개혁

인권유린 정의 실현

신념 우선무죄 무죄유죄

서열위계 관료사법제도 정치권력

과잉충성 공정한 재판

사법농단 독립성 권력을 위한 충성

왜곡된 판결 법관의 법과 양심

6장

사법 개혁과
제도 개혁을 위한
제안

차별화되지 않는 집행을 위한 법

◆ ◇

법은 국민을 위한 것이라는 대원칙을 지켜야 하지만, 과거부터 현재 그리고 미래에도 어느 한쪽이나 소수의 권력층에게 유리하도록 법이 만들어지고, 이미 만든 법도 불순한 의도로 다시 수정되는 게 작금의 현실이다. 법은 공정하고 정의로우며 보편적 가치와 원칙을 담아 만들어야 한다.

또한 법안을 만들 때는 합헌적인지, 집행 가능성이나 현실적 합리성, 재정적 효과는 어떠한지 부작용이나 역효과를 내는 것은 아닌지 등을 법률이 만들어지는 과정에서부터 검토해야 한다.

입법자들은 국민의 권리를 위임받아 법안을 만들지만, 그들이 항상 국민의 편일 것이라고 착각해서는 안 된다. 국민의 기본권을 보호해야 할 책무를 잊고 법리적 판단보다는 정치적 판단에 치중해서 입법하면, 피해는 고스란히 국민의 몫이 된다.

기대에 실망하지 않으려면 국민이 법을 잘 알아야 한다. 법을 알아야 나와 내 가족의 권익과 자유를 지켜낼 수 있다. 정치와 법에 무관심하면 소수의 강자가 대다수 약자의 권리를 빼앗는 법이 생긴다. 쉽게 만든 법은 시행 중에 문제점이 반드시 드러나게 되어 고치게 되는데, 법은 체계상 한번 만들어지면 개정하기가 어렵고 폐지하기는 매우 까다롭다. 그래서 잘못 만든 법으로 오랜 시간 영향을 받으며 고통을 받는 일이 생긴다.

〈법률 제정의 과정〉

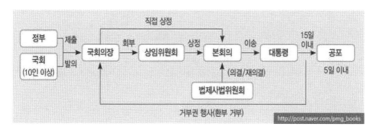

우리나라의 법률 제정은 정부와 국회의원에게 법률안 제출권이 있다. 법률안이 제출되면 국회의장은 상임위원회에 회부하거나 본회의에 직접 상정한다. 상임위원회에 회부된 법률안은 심사를 거쳐 본회의에서 의결한다. 의결된 법률은 대통령에게

이송되고 대통령이 15일 이내에 공포도 거부도 하지 않을 경우에 법률로 확정된다. 대통령이 거부권을 행사하면 본회의에 재의결을 거치고, 재의결이 되면 정부로 이송된 법률안은 5일 이내에 공포한다. 그렇지 않을 경우 국회의장이 공포한다. 법률은 특별한 규정이 없는 한 공포한 날로부터 20일 뒤에 효력을 발생한다.

입법에서 중요한 것은 명확성과 수용 가능성이다. 실체적 내용에 대해서는 비례의 원칙, 평등의 원칙, 신뢰 보호의 원칙, 적법 절차의 원칙, 최소 보장의 원칙이 적용되며 법령 형식에 대해서는 명확성의 원칙, 포괄 위임 금지의 원칙, 의회 유보의 원칙, 죄형 법정주의, 조세 법률주의가 적용된다.

한국 사회는 최근까지 매우 가파른 속도로 경제를 성장시켰고, 민주주의의 발전을 이루었다. 이 과정에서 다양한 사회성이 급진적으로 증대되면서 다양한 요구가 이어졌다. 사회 구성원인 국민이 사회라는 공간에서 안정적으로 생활하기 위해서는 법이 사회 변화를 반영해야 한다. 변화를 수용하지 못하면 의도하지 않게 법 테두리에서 배제되어 차별받는 국민이 나오게 된다.

세계 어디에도 완벽한 사상, 완벽한 정치인, 완벽한 사회, 완벽한 법이 존재하지 않는다. 그러므로 법과 제도는 시대의 흐름에 따라 바람직한 방향으로 보완해나가야 하며, 갈등을 해결하기 위해 끊임없는 실험과 시도는 계속되어야 한다.

우리나라만의 특유의 법조 후진국적인 현상이 있다. 검사 출신이 대법관으로 기용되는 것이다. 여기에는 문제점이 있다.

첫째, 검사는 법원의 실무를 잘 모른다.

둘째, 법원 사건의 대부분을 차지하는 사건은 민사 사건이나 행정 사건인데, 검사는 이러한 사건을 처리한 적이 없다. 그들은 형사 사건 처리에만 경험이 많다.

셋째, 법원은 개인의 인권 보장, 법치주의 확립, 절차의 적법성 보장에 있어 매우 중요한 역할을 해내야 한다.

그중 절차의 적법성 보장에 대한 실제 사건이 있었다. 2006년에 제주도 도지사가 차기 도지사 선거를 준비하고자 제주도 소속 공무원들을 사적으로 부린 일이 적발되었다. 검찰이 이 사건을 조사하면서 해당 사건에 연루된 공무원이 아닌 다른 공무원에게 영장을 제출하는 절차를 거치지도 않고 강제로 그가 가진 서류를 압수했다. 그런데 이 서류에서 제주도 도지사가 선거법을 어겼다는 결정적인 증거가 발견되었다.

그러나 증거를 수집하는 과정에서 절차적 정의를 따르지 않은 것이 문제가 되어 재판에서 증거로 채택되지 못했고, 제주도 도지사는 무죄 판결을 받았다. 도지사의 잘못이 아무리 명명백백하게 드러나더라도 절차의 적법성을 따르지 않으면 처벌하지 못한다. 일반적인 상식으로는 이해가 되지 않을지 몰라도 이것은 매우 중요한 부분이다.

만약, 절차의 적법성이라는 요소가 지켜지지 않는다면 어떤 문제가 발생할까? 검사는 자신의 권력으로 마구잡이로 사람들을 검거할 것이다. 증거를 수집하고자 불법적으로 조사하는 일도 꺼리지 않을 것이며, 이로 인해 개인의 인권은 보장받지 못하게 된다. 죄의 대가를 치르는 정의와 죄의 유무를 따르는 절차에서 원리 원칙을 지키고자 하는 균형을 잡기는 매우 어렵다.

그러나 여기에서 균형을 잡아가며 정의를 지키고 진실을 밝혀내는 것이 바로 법원의 역할이다.

우리는 이제 민주적으로 사법 개혁의 길로 나가야 한다. '열명의 범죄자를 놓치는 한이 있어도, 한 명의 무고한 사람을 처벌해서는 안 된다' 는 법언이 있다. 법치국가의 시민이라면 무죄 추정의 원칙을 익히 들어서 알고 있을 것이다. 수사와 기소의 책임이 있는 검사는 당연히 알고 지켜야 할 철칙이다.

그러나 그동안 검찰은 수많은 사건에서 적법 절차의 원칙을 지키지 않고 무고한 피해자를 만드는 과오를 범하고 말았다. 이제 검찰 개혁은 법무부에 설치된 '법무 · 검찰개혁위원회' 에 맡겨야 한다. 그리고 과거사 정리에서부터 시작되어야 한다. 과거사 정리와 적폐 청산은 시대의 흐름이자 촛불 광장에서의 목소리다. 그동안 밝혀진 재심 무죄사건에 관한 과오를 인정하고 과거사를 정리해야만 정의 실현과 인권 수호의 기관이라고 떳떳하게 내세울 수가 있다.

《사법 개혁을 생각한다》에서 김인회 교수는 사법 개혁의 과제로 다섯 가지를 꼽았다.

첫째 법원행정처 폐지 등 법원 행정 개혁, 둘째 국민주권주의 실현을 위한 국민참여 재판 확대, 셋째 사회의 다양한 가치관을 반영하는 대법원 구성의 다양화, 넷째 과거 사법부의 잘못을 청산하고 새로운 윤리와 전통을 세우는 사법부 과거사 정리, 다섯째 지방분권 시대에 맞는 사법의 지방분권 등이 여기에 해당한다. 이 중 법원 행정 개혁은 사법 농단 사태의 재발을 막는 핵심 개혁 과제다.

제도 개혁, 어떻게 할 것인가?

◆ ◇

    촛불집회는 직접민주주의의 전형으로 국민주권주의 시대를 열었다는 평가를 받는다. 과거 대의민주주의가 지배적일 때, 국민은 복종하면서 질서를 보장받거나 저항하면서 자유를 택했다. 사회가 안정적일 때 국민은 질서와 안정을 추구하지만, 위기가 닥치면 국민의 희생을 대가로 저항을 통해 인권과 자유가 지켜진다.

    국민이 광장으로 달려나와 민주주의를 부르짖으면서 '참여'라는 요소가 추가되었다. 국가 권력이 남용되자 권력을 통제할 필요성을 느낀 국민은 참여함으로써 민주주의를 확대했다. 이렇게 된 데에는 국민의 교육 수준이 높아지고, 활발한 SNS 활동으로 정보의 흡수가 빨라져 즉각적인 참여가 가능해졌기 때문이다.

국민이 참여하는 정치로는 정당 활동 참여, 국민투표, 사회활동 참여, 시위 및 집회 참여, 국민발안제, 국민소환제 등이 있다. 민주주의에서는 국민의 참여로 정치가 이루어지며 국가의 중요 정책을 결정할 때는 항상 국민의 요구와 의견을 수렴하여야 한다.

특히, 국민 주권을 강화하기 위한 국민발안제와 국민소환제와 같은 제도는 국민의 교육 수준과 시민 의식이 높아지고 국가기관의 권한이 확대된 지금, 직접민주주의를 실현하기 위해 이 제도를 개혁할 필요성이 더욱 높아지고 있다.

국민발안제는 국민이 직접 헌법개정안이나 중요한 법률안을 제출할 수 있는 제도이며, 국민소환제는 주권자인 국민이 투표를 통해 임기 중인 선출직 공직자를 퇴직시키거나 임기를 종료시키는 제도다. 이 제도는 국회의원의 권한을 견제하거나 축소하기 위한 것이어서 국회에서 반대가 심하다.

대통령은 탄핵으로, 자치단체장과 지방의원은 주민소환제로 소환할 수 있는데 유독 국회의원에 대해서만 소환할 제도적 장치가 없다는 것은 누가 봐도 상식적으로 납득하기 어렵다. 국회의원은 특권이 많은 데다 국회가 일하지 않아도 모든 권한이 유

지되는데, 어떤 중대한 상황이 벌어져도 주권자인 국민은 국회
의원을 견제할 방법이 없다.

2017년 7월 두잇서베이가 발표한 여론 조사에서 응답자의
76.1%가 국회의원 국민소환제 도입에 찬성한다고 발표했다.
2018년 8월 미디어오늘이 발표한 조사에서도 찬성이 77%였다.
각종 여론 조사에서 80% 안팎의 높은 지지를 얻으며 국민소환
제를 도입하자는 여론이 높게 형성되어 있다.

그래서인지 선거 때만 되면 특권을 내려놓고 국민소환제를
도입하겠다고 하지만, 17대 국회부터 20대 국회까지 발의와 자
동 폐기를 반복해왔다. 문재인 대통령은 권력의 감시자 및 입법
자로서 직접 참여하고자 하는 국민의 요구를 반영하여 국민이
국회의원을 소환하고 직접 법률안을 발의할 수 있도록 하는 등
직접민주제를 대폭 확대하여 대의민주주의를 보완하는 헌법
개정안을 제안하여 국민소환제와 국민발안제를 제도화하려고
했으나 안타깝게도 논의 테이블에 오르지도 못하고 있다.

물론 국민소환제의 오남용 위험성도 있다. 정적을 공격하기
위해 정치적으로 악용되거나 국회의원이 소신 있는 입법 활동
보다 인기몰이를 위해 보여주기식의 정치 활동을 할 소지가 있

다. 그러나 이미 주민소환제가 실시되는 지방자치단체와 지방의회의 경험으로 볼 때 그 위험성은 기우였음을 알 수 있다.

국회의원을 통제하고 견제하는 법적·제도적 장치는 단순히 국민이 국회의원을 파면시키기 위함이 아니라 국회의원 스스로 윤리 의식과 책임감 등 자정 능력을 키우고, 국민에게 신뢰받는 성숙한 국회가 되는 수단이라는 점에서 필요하다.

국민이 믿고 선출했지만, 일하지 않고 헌법을 위반하며 국민을 무시하는 국회의원은 그래서 더욱더 국민이 직접 소환할 수 있어야 한다. 촛불 혁명의 정신인 공정하고 정의로운 나라를 만들어가야 한다.

그런데 선출직 공직자 가운데 국회의원만 견제받지 않는 나라가 특권이 없는 나라, 공정하고 정의로운 나라일까? 국회의원 스스로 윤리의식과 책임감을 느끼고 국회가 제도 개혁을 해야만 우리나라 정치에 미래가 있고 희망이 있을 것이다.

정의는 그냥
오지 않는다

◆ ◇

중국 공산당 또는 북한 노동당 통치, 아니면 인도네시아 군부 독재나 터키 독재 체제, 푸틴의 관료 통치처럼 인권이 탄압되었던 한국의 군부 독재와 동일시되는 체제가 우리 땅에서도 불과 1960~1980년대에 있었던 일이다.

역사를 잘 읽어내지 못하면 미래가 없는 것처럼, 과거를 잘 읽어내지 못하면 앞으로 어떤 일이 닥칠지 예측하는 데 실패할 수 있다. 북한 체제가 붕괴하거나 중국, 인도네시아, 터키, 러시아 등이 우리처럼 언젠가 민주화에 성공할 것이라는 예측은 바람일 뿐 근거가 없어서 자칫 잘못된 판단으로 이어질 수 있다.

사실 그들이 우리처럼 단기간에 민주화에 성공할 가능성은 없다. 단지, 우리와는 다른 방식으로 근대화를 향해 나아가고 있다고 봐야 한다. 우리 민족은 힘겨운 민주화운동으로 우리 사회를 조금씩 바꿔나갔고 정치를 바로잡았다. 아무리 우리나라의 충격적인 인권 실태와 불의를 전 세계에 알려 도움을 받는다고 해도 결정적으로 민주주의로 끌어내는 주체는 국민뿐이다.

민주주의를 받아들이기 위해 피땀, 눈물을 흘려 투쟁하고 군홧발에 짓밟힌 희생자들을 볼 때, 민주주의는 거저 얻어지는 것이 아니었다. 혹독한 대가를 치르고 나야 진보하고, 신경 쓰지 않으면 후퇴하는 것이 민주화다. 이 땅에 정의가 자리 잡히고 살아있는 사회로 만들려면 의식이 깨어 있는 누군가가 두 팔 걷고 나서서 피땀 흘리는 노력을 기울이고 희생이라는 대가를 치러야 했다.

그런데, 촛불 광장의 승리에 도취했던 기분도 잠시, 현실적으로 민주주의가 아직 일상까지 와닿지 않는 느낌이 드는 것은 왜일까?

무엇이 정의인지를 선언해야 할 때, 정의를 안다는 것으로는 충분하지 않다. 정의를 '제때' 선언해야만 정의가 실현될 수 있다. 예를 들어, 4년 내내 땀을 흘리며 연습을 한 운동선수가 정작 경기에는 출전하지 않는다든가, 아름답게 겉치장을 해놓고 외출하지 않는다면, 준비하기 위한 시간을 낭비한 것에 불과한 것이며 결과적으로 큰 의미가 없는 행동에 불과하다. 그래서 행동하지 않는 정의는 의미가 없다. 정의라는 것은 까다롭기 그지없어서 바라기만 한다고 그냥 찾아오지 않는다.

우리는 이승만, 박정희, 전두환 정권의 비민주적 및 군사 독재정치를 극복했다. 이명박, 박근혜 정권의 비상식적인 정치체제 및 국정 농단에 저항하여 정권 교체를 이루었고 민주주의 체제를 확대했다. 국민이 민주주의에 동조하고 정치에 적극적으로 참여하여 정권 교체에 성공했고, 그 힘으로 발전시킨 민주주의의 뿌리가 굳건하다.

계절상 봄은 저절로 온다지만, 사람의 봄은 누가 만들어주지도 저절로 오지도 않는다. 누구나 노력한 만큼 대우받고, 죄를 지으면 처벌을 받으며, 최소한의 상식이 통하는 세상을 원한다. 시민의 힘으로 부패한 최고 권력자를 몰아냈으니 그 촛불 정신을 이어받아 국민이 요구하는 사회를 위해 법적, 제도적 개혁을 완성하는 것이 중요하다.

우리나라는 압축 성장을 통해 소득 수준이 높은데도 복지 체계가 제대로 마련되어 있지 않으며, 국가가 국민 개개인에게 고

마운 일을 해준다는 느낌을 많이 체험하지 못하고 있다. 과거 인권이 탄압되고 억압받던 시절에 민주주의는 자유를 준다고 하더니, 그 자유는 부자의 자유가 되었다. 부모가 돈이 많은 사람이 자유를 쟁취하게 되었다. 공부를 열심히 하면 사회계층에서 위를 향해 상승할 수 있다고 여겼지만, 현실은 부모가 돈이 있어야 개천에서도 용이 날 수 있다.

돈이 많은 부모가 아니라 좋은 정부를 만나서 자신의 능력과 노력으로 평가받는 공정한 시스템이 필요하다. 사회적 및 경제적 계층 이동이 자유로우며, 사회적 약자가 스스로 행동하고 결정할 수 있고, 불공정한 대우를 받지 않고, 시민을 간섭하고 감시하고 통제하는 강자가 있다면 법과 제도가 막아주길 바란다. 그래서 긍정적인 변화가 개인의 삶에 스며들어 삶의 질이 높아지는 건강하고 공정한 사회가 되었으면 한다.

개혁만이 정의를 말할 수 있다

◆ ◇

법은 시대마다 의미가 조금씩 달라지고 있다. 과학이나 수학은 절대적인 법칙을 따라 인과 관계가 명확하지만, 법은 사회의 변화나 국가가 처한 상황에 따라 변화한다.

법이 매번 원칙과 상식을 기반으로 제정되지 않는다는 것을 알고 있는가?

권력층이 자신의 이권만 챙기다 보면 법의 공정성이 상실되고, 누가 어떻게 해석하여 적용하느냐에 따라서 법이 달라진다. 정치인이 자신의 이득과 권력을 위해 법을 유리한 방향으로 악용하고 있다. 정권의 방향에 따라 변화하는 법 때문에 법률가도 혼란에 빠질 때가 많다.

때로는 불법이 편법이 되어 입맛에 맞게 적법이 되어버리는 일이 생긴다. 안타깝게도 정치권에서는 개헌 논의에 있어 일차적인 관심을 권력 구조 문제에 집중하는 경향에 치우쳐 있다. 그리고 현재 우리나라의 많은 법 조항이 시대착오적이라며 비판을 받는 실정이다. 처음부터 법 체계가 잘못된 부분도 있지만, 더 큰 원인은 법을 만든 사람이 법의 원칙에서 벗어나 비상식적으로 법을 만들었기 때문이다.

한 국가의 부패 척도는 공무원의 청렴도, 정치의 공정함, 부의 균등한 분배, 교육의 질, 법의 성숙도와 가치 등을 통해 알 수 있다. 공직사회의 부패는 그 국가의 부패 정도를 파악하는 기준이 된다. 사회에 따라 어떤 법이 만들어져서 시행되는지를 통해 한 국가의 부패 정도와 사회가 건강한지를 판단할 수 있다.

법은 가변성이라는 속성이 있기 때문에 법을 통해 사회 정의를 실현하려면 원칙과 상식, 그 사회의 보편적 가치를 지녀야 한다. 특히, 법은 사회적으로 충격적인 사건을 접했을 때 급격하게 변한다. 역사적으로 4·19 혁명, 5·16 쿠데타, 12·12 사태, IMF 사태 등과 같은 사건에서 정치적 및 경제적으로 많은 변화를 겪었다.

불투명한 경영 구조를 고치면서 경제 제도가 바뀌고, 가장이 해고되면서 여성의 사회 진출이 늘어났고 그로 인해 남녀 고용 차별에 대한 조항이 사라지고, 육아 관련법이 많이 제정되었다. 이러한 법의 가치는 '헌법' 이라는 최상위 법에 명시하여 변화해 가는 법의 행동 반경을 제한해두었다.

특히, 4차 산업혁명 시대에서 이전에 경험하지 못한 인공 지능, 사물 인터넷, 빅데이터, 모바일, 드론, 전동킥보드 등 첨단 정보통신기술과, 의료 시스템에 있어서 경제·사회 전반에 걸쳐 융합된 기술이 혁신적으로 변하고 있다. 그런데 법은 이러한 변화의 속도를 미처 따라잡지 못하고 있다.

우리나라 사람들처럼 생각이 빠르고 성격이 급한 사회에서 그 생각들이 제도 속에 즉각 반영되어야 하는데, 법만 그 자리를 지키며 원칙과 형식을 따진다면 아직 법망에 들어오지 못한 변화의 요소들이 위험에 노출되고 만다. 법이 미리 앞서서 예방을 해야 하는데, 위험이 터진 후에 뒤에서 논쟁만 하고 있다면 산업 발달은 우리에게 긍정적인 면보다 위험한 방향으로 나아갈 수 있다.

법은 사회적 합의로 시대의 흐름을 반영하며 변화한다. 따라서 급격하게 변화하는 시대 흐름에 맞추려면 헌법을 개정해야 한다는 점에서 국민 대다수가 공감하고 있다.

우리나라는 국난 극복이 취미일 정도로, 축적되어 잠재된 민주주의의 힘이 굉장히 세다. 나라가 위기에 빠졌을 때마다 국민이 스스로 일어나 국난을 이겨내는 민족은 우리나라가 유일하다. 국민은 자기 자리에서 충분히 적극적으로 정의를 실현할 수 있다는 것을 촛불 혁명을 통해 경험해왔다. 이제 국가 차례다. 헌법을 개정할 때는 시대의 흐름과 선진 민주화의 비전을 제대로 담아 바람직한 사회 통합을 이뤄야 한다.

발자취

80년대 학번들 대부분이 그렇듯이 성균관대학교에서 보낸 4년은 최루탄, 짱돌, 백골부대, 전경과 함께한 시간이었다. 고등학교 2학년 때인 1980년에 광주민주화운동을 직접 겪었기 때문에 대학에 들어가면서 자연스럽게 학생 운동에 참여하였고 학생회 간부를 하였다.

4년 동안 전공인 정치학 관련 책들과 다양한 사회과학 서적을 읽고 토론하면서 사회 변혁에 대한 꿈을 키웠다. 대학을 졸업하면서 현장 대신 학술운동의 길을 가겠다는 마음으로 대학원에 진학해 정치학 석사 학위를 받았다.

군(軍)에서 내 사회생활에 큰 영향을 준 천용택 씨를 만났다. 당시 나는 이 기자부대인 27사단 77연대 석사정훈장교로 중위였고, 천용택 씨는 2군단장이었다. 그 뒤 천용택 단장은 김대중 대통령이 창당한 국민회의에 영입되었고, 나는 군단장과 예하부대 장교라는 인연으로 1995년 말부터 비서로 일하였다. 천용택 장관이 정계 은퇴를 한 2004년까지 8년 동안 국회의원 비서관으로, 보좌관으로, 국방부 장관 비서관으로, 국가정보원장 비서관으로 보좌했다.

그 기간에 2번의 대통령 선거를 치렀다. 대통령 선거 운동을 하던 1997년에 김대중 대통령이 6·25 때 근무했던 목포방어사령부 해상방위대의 실체를 확인할 수 있는 국방부 자료를 찾아냈고, 한나라당 이회창 후보의 두

아들 군 복무의 문제점을 파헤쳐 15대 대통령 선거에서 김대중 후보가 승리하는 데 큰 역할을 하였다. 1997년 1년은, 1995년 말부터 지금까지의 여의도 생활 가운데 가장 보람 있고, 자랑스러운 해였다.

2004년부터 내 정치를 시작했지만 2018년까지 내놓을 만한 성과를 거두지 못했다. 2008년에 무소속으로 고향 장흥에서 출마하여 15%를 넘긴 것이 성과라면 성과지만 부모 형제들에게 경제적 부담만 안겨주었고, 그 후유증은 지금도 우리 가족의 가계 경제에 남아 있다.

2007년에 정운찬 전 서울대 총장님과 인연을 맺은 뒤 지금까지 이어오고 있다. 한국 경제를 국민 모두의 성장 체제로 바꾸기 위해서는 정운찬 총장님의 경제 철학과 경제 정책이 매우 유용하다고 생각한다.

"배가 방향을 바꾸는 것은 배의 크기에 따라 다르다. 낚싯배는 작기 때문에 방향을 빠르게 바꿔도 전복되지 않는다. 그러나 항공모함은 큰 배이기 때문에 회전하려면 천천히 넓게 돌아야 한다. 대한민국의 경제 규모는 세계 11위권의 거대 규모로 항공모함과 같다. 한국 경제정책 기조를 바꾸려면 오랜 준비 아래 천천히 선회해야 한다. 승무원이 알지 못할 정도로 천천히 해야 한다."

정운찬 총장님이 하신 이 말씀은 한국경제개혁 방법론에 대해 많은 생각을 하게 하였다. 또한 선생님이 제시한 '동반성장론'은 한국 사회의 미래를 위해 해야 할 일들을 구체적으로 마련하는 데 도움이 되고 있다.

2012년에 성균관대학교 대학원에서 정치학 박사 학위를 받았다. 2016년 총선에서 고향 장흥의 민주당 경선에 참여했지만 패배했다. 그 뒤 박영선

의원 보좌관으로 들어갔다. 너무 오랫동안 당 밖에서 활동하여 당과의 인연이 제한되었기 때문이다. 보좌관으로 활동하면서 박영선 의원에게서 많은 것을 배웠다. 이 가운데 박 의원의 정치에 대한 열정과 정국 흐름을 꿰뚫어 보는 눈과 현안을 간단하게 정리하는 판단력 등은 정치 인생에 큰 울림을 주었다. 내 정치 비전과 꿈을 실현하기 위해 2018년 말 박 의원실을 정리하고 나왔다.

가족에게 충실한 가장, 아버지는 아니었다. 남들처럼 아이들에게 충분한 지원을 해주었다면 아이들이 원하는 대학에 다녔을 텐데 그러지 못했다. 그렇다고 '모두가 함께 어울려 사는 아름다운 사회'를 만들려고 했던 정치적 목표에 다가서지도 못했다. 후회가 없다면 거짓말일 것이다.

다만, 나쁜 일을 하지 않고 정직하게 살았다는 것, "저는 아빠가 자랑스러워요"라는 큰아이의 말이 위안을 준다. 아이들이 아빠를 이해해주고 자랑스러워하니 결코 나쁜 삶은 아니었다고 스스로 다시 한 번 위로한다.

침묵이 길어지면, 진실은 가려진다

법은 살아 있다. 살아 있다는 것은 성장하고 변화한다는 것을 의미한다. 사람들의 합의로 룰을 만들었기 때문에 나름의 균형성을 유지하면서 사회 현상을 가장 잘 반영하는 유용한 도구다.

오늘날 세상은 우리가 생각하는 것보다 훨씬 더 복잡하고, 빠르게 돌아가고 있다. 매일 경악을 금치 못하는 사건이 터지고, 새로운 정보와 지식이 물밀 듯이 터져나온다.

우리가 알지 못하는 곳에서도 법은 여전히 움직이고 있다. 이 책을 통해 법이 세상에서 어떻게 돌아가는지 보여주고 싶었다. 궁극적으로 우리가 사는 이 사회에서 법을 보는 눈을 조금이라도 열어주고 싶었고, 세상을 보는 시야가 넓어져 좀 더 이 사회에 관심을 가지고 변화의 주체가 되길 바라는 마음이 컸다.

많은 사람이 '법은 강자의 편'이라고 하지만, 사실 강자에게 법은 필요가 없을지도 모른다. 자신의 우월한 돈과 권력을 이용해서 얼마든지 자신에게 유리하게 이용한 뒤에 영악하게 취소하고 철회할 수 있다. 그리고 그 손해 역시 감당할 힘이 있다.

국민이 선출한 국회의원은 국회에서 법을 제정한다. 다수결의 원칙에 따라 승패가 결정되는 선거에서 정치인은 많은 사람의 지지를 받기 위해 다수결의 의견을 대변한다. 그 과정에서 소수의 의견과 권리는 무시되기도 한다. 그렇다고 소수의 입장만을 잘 살핀다면, 다수의 입장을 무시하고 한 집단에게 유리하게 판정하면서 권력을 남용하는 결과를 낳는다. 그것이 민주주의의 부작용이다.

이런 면에서 보면 법은 소수의 약자를 보호하지 못하는 것 같다. 그래서 법원을 구성하는 판사와 대법관은 선거를 통해 선출하지 않는다. 법원의 사명은 소수의 인권을 비롯하여 그들의 자유와 권리를 보호하는 데 있다. 그 과정에서 국민의 대다수가 극형에 처하길 원하는 재판이 생기더라도 말이다. 이것이 재판의 부작용일지도 모른다. 그런데도 법은 약자의 편에 서야 한다. 약자의 기본적인 인권을 보호하는 것이 사명이기 때문이다. 그 약자가 나와 내 가족이 될 수도 있다.

'법대로 하자'는 말은 일상에서 쉽게 듣는 말이다. 법은 정의롭다는 믿음이 크며 오류가 없을 것이라는 생각에서다. 오랫동안 인간의 삶 속에서 다듬어진 규칙은 큰 문제없이 인간 공동체 사회에서 묵묵히 지켜져 오고 있다. 사람을 해치거나 죽여서는 안 되고, 어린아이와 여성 및 노약자를 먼저 보호해야 하며, 훔치거나 거짓말을 해서는 안 된다는 규칙은 도덕과 부합되는 부분이다. 법은 도덕적인 항목을 지키기는 하지만, 반드시 도덕과 일치하지는 않는다. 그래서 법과 도덕은 그 성격을 달리한다.

오늘날 민주주의 국가에서 시민은 올바른 법을 요구할 권리가 있다. 법이 권력자의 입맛에 따라 잘못 해석되어 집행된다면, 제대로 된 법 집행을 요구할 권리가 있다. 법을 잘 모른다고 눈을 감고 침묵하고만 있다면, 진실은 가려지고 묻히고 만다.

우리의 권리를 주장하려면 법을 제대로 알아야 한다. 모든 법을 다 알아야 하는 것은 아니지만, 이 사회에 속한 법을 이해하고 그 속에서 권리를 찾아 주장해야 한다. 법을 집행하는 사람이 모두 내 편일 것이라는 믿음, 모두 훌륭하고 정의로울 것이라는 믿음도 이제는 버려야 한다.

우리에게 좋은 법이든 나쁜 법이든, 법은 우리와 늘 함께했으며, 우리에게 더 좋은 법들이 더 많이 만들어지길 항상 꿈꿔왔다. 때로는 암흑의 시기에 갇혀 법이 후퇴하기도 하고 악용되기도 했지만, 시간이 흐름에 따라 법의 역사도 한 걸음씩 앞으로 나아가고 있다. 우리는 과거보다 더 많은 자유와 권리를 찾아 오늘을 만들어냈다.

앞을 향해 묵묵히 자신의 삶을 성실하게 살아가는 시민들은 어쩌면 법 없이도 살 사람들일 것이다. 어제보다 오늘, 오늘보다 내일이 더 기대되고 더 살기 좋은 사회를 함께 만들어나가길 희망한다.

1. 법률 용어

법률 용어는 언제 들어도 헷갈리고 복잡하다. 같은 의미를 가진 것 같지만, 알고 보면 해당 범위기 다르다 보니 정확하게 알지 못하면 실수가 발생하기도 한다. 평소 많이 들어봤지만 정확한 뜻을 몰라 헷갈릴 수 있는 법률 용어 몇 가지만 정리해보고자 한다.

◎ **민사 책임**: 개인과 개인 사이의 책임으로 손해 배상 책임을 말한다. 당사자 사이의 합의가 있으면 분쟁이 종결되며, 합의가 이루어지지 않으면 법원에 민사 소송을 제기해 법의 판단을 받을 수 있다.

◎ **형사 책임**: 국가가 관여해 살인, 강도, 마약, 폭행 등 나라에서 정한 범죄 행위에 대해 책임을 묻는 것으로 사회적 책임을 물어 형벌을 내린다.

◎ **상소**: 미확정인 재판에 대해 상급 법원에 불복 신청을 하여 구제를 구하는 절차로, 상소의 종류에는 항소, 상고, 항고, 재항고가 있다. 항소와 상고는 판결에 대한 불복신청으로 제1심 판결에 대한 제2심 법원에 하는 상소는 항소, 제2심 판결에 대한 대법원에 하는 상소는 상고다. 항고는 제1심결과가 결정 또는 명령일 때 상급 법원에 제2심을 신청하는 것이다.

◎ **용의자와 피의자**: 용의자는 범인으로 의심되기는 하지만 범죄 행위가 아직 드러나지 않은 사람이다. 범죄 행위가 드러나면 정식으로 수사기관의 입건 절차를 받게 되는데 그러면 용의자에서 피의자로 지위가 바뀐다. 피의자는 수사기관이 공식적으로 수사를 시작하면서 범죄를 행하였다고 의심되는 사람으로 수사의 객체가 된다.

◎ **피고인**: 소송 당사자로써 검사가 법원에 범죄를 저질렀다고 알려서 법의 심판에 올리기로 한 사람이다. 즉, 기소된 사람이다.

◎ **피고와 원고**: 민사 소송에서 등장하는 용어로 소송을 제기한 사람을 원고, 소송을 당한 사람을 피고라고 한다. 즉, 민사 소송에는 원고와 피고가 있고, 형사 소송에서는 용의자 → 피의자 → 피고인 순으로 변한다.

◎ **고소와 고발**: 고소는 범죄의 피해자나 다른 고소권자가 범죄 사실을 수사기관에 신고하여 그 수사와 범인의 기소를 요구하는 일을 뜻한다. 고발은 피해자나 고소권자가 아닌 제삼자가 수사기관에 범죄 사실을 신고하

여 수사 및 범인의 기소를 요구하는 일을 뜻한다.

◎ **구속과 불구속**: 구속은 재판을 받는 도중, 원활한 재판을 위해 피의자를 구금시켜 놓는 것이고, 불구속의 경우 피의자를 구금시키기 않은 상태에서 재판 일정에 맞추어 피의자에 대한 공판을 진행하는 것을 말한다.

◎ **송치와 기소**: 송치는 경찰이 수사 후 검찰로 사건을 이관했다는 것이고, 기소는 검찰이 수사 후 법원으로 사건을 이관했다는 표현이다.

◎ **구형과 선고**: 구형은 형사 재판에서 피고인에게 어떤 형벌을 줄 것을 검사가 판사에게 요구하는 일을 말하고, 선고는 공판정에서 재판장이 판결을 알리는 일을 말한다.

2. 유용한 각종 법률 정보 사이트

◎ 국가법령정보센터 http://www.law.go.kr

우리나라에서 시행되었거나 시행 중인 헌법, 법률, 명령, 조례, 규칙, 대법원 판례, 법령 해석 사례 등 다양한 법령 정보를 제공한다.

◎ 대한법률구조공단 http://www.klac.or.kr

사회적 · 경제적으로 어려운 국민에게 무료 법률 상담, 소송 대리, 형사 변호, 체험형 법문화 교육 등 다양하게 법적으로 지원한다.

◎ 한국소비자원 http://kca.go.kr

소비자의 권익을 증진하고 소비 생활의 향상을 도모하며 국민 경제의 발전에 이바지하기 위하여 국가에서 설립한 전문기관이다. 소비자 민원 상담 및 피해 구제, 보상 규정, 교육 프로그램, 법령, 보호시책 등을 제공한다.

◎ 민원24 http://minwon.go.kr

대한민국 정부 전자민원 포털로 주민등록등본, 가족관계증명서, 토지대장, 지방세 과세 증명, 자동차등록원부 등 온라인으로 민원을 신청할 수 있다.

◎ 대법원 http://www.scourt.go.kr

사법부, 대법원 소개, 주요 판결, 선고 동영상, 각급 법원 찾기, 입법 예고, 법령 정보 등에 관해 안내받을 수 있다.

◎ **대검찰청** http://www.spo.go.kr

형사 사건, 범죄 신고, 피해자, 포렌식, DNA, 마약, 부정부패, 지식재산권, 조직폭력, 법률 상식 등을 제공한다.

◎ **서울가정법원** http://slfamily.scourt.go.kr

법원 소개, 공시 송달, 가사 조정 절차, 사건별 첨부서류, 협의 이혼 등을 안내한다.

◎ **사이버 안전국** http://www.ctrc.go.kr

경찰청 사이버안전국으로 개인정보 침해, 해킹, 바이러스, 명예훼손, 통신, 게임사기, 스팸, 예방 정보 등을 제공한다.

◎ **대법원 인터넷 등기소** http://www.iros.go.kr

부동산 및 법인등기부등본 열람, 발급, 신청사건 처리 현황 조회, 상호검색 서비스를 안내한다.

◎ **성범죄자 알림 서비스** http://wwww.sexoffender.go.kr

판결에 따라 공개명령을 받은 성범죄자 공개, 지역별 성범죄자 신상정보 열람 등을 제공한다.

◎ **세계법제정보센터** http://world.moleg.go.kr

세계 각국의 주요 법률, 법제 동향 등 법령 정보를 수집 · 가공하여 국가 · 지역 · 기구별로 제공한다.

3. 국민참여 재판 Q & A

Q: 국민참여 재판이란?

A: 국민참여 재판제도는 「국민의 형사재판 참여에 관한 법률」 법률 제8495호에 따라 2008년부터 국민을 배심원으로 형사재판에 참여하는 새로운 선진적인 형사 재판제도이다. 배심원이 된 국민은 법정 공방을 지켜본 후 피고인의 유·무죄에 관한 평결을 내리고 적정한 형을 토의하면 재판부가 이를 참고하여 판결을 선고하게 된다.

Q: 배심원 선발 기준은?

A: 만 20세 이상 대한민국 국민이면 누구나 배심원이 될 수 있고, 특별한 자격은 필요하지 않다. 다만, 배심원은 공무를 수행하여야 하므로 일정한 범죄 전력이 있으면 배심원이 될 수 없고, 변호사, 경찰관 등 일정한 직업을 가진 사람도 배심원이 될 수 없다. 건강이 좋지 않거나 간호, 육아, 출장 등 재판에 참여할 수 없는 부득이한 사정이 있는 때에는 법원에 배심원 직무 면제를 신청할 수 있다. 배심원에게는 재판 하루당 12만 원의 일당이 지급되며, 선정기일에 출석한 배심원 후보는 배심원으로 선정되지 않아도 6만 원의 일당을 지급받는다.

Q: 배심원이 하는 일은?

A: 피고인의 유무죄에 관해 평결을 내리고, 유죄 평결이 내려진 피고인에

게 선고할 적정한 형벌을 토의하는 등 재판에 참여하는 기회를 얻는다. 양형 결정에 참여하는 것이 아니라 단지 의견만 개진할 수 있는데, 그 결과를 참작할지 여부는 판사가 결정한다.

Q: 어떤 사건을 대상으로 하는가?

A: 중범죄자를 상대로 이뤄지는 경우가 대부분이다. 관련 법률에 따르면 국민참여 재판의 대상은 사형, 무기 또는 단기 1년 이상의 징역 또는 금고에 해당하는 사건, 이 중 미수죄·교사죄·방조죄·예비죄·음모죄에 해당하는 사건 등이 있으며, 피고인이 희망하는 경우 참여 재판이 가능하다. 단, 사안이 복잡해 시간이 오래 걸리거나, 배심원이 신변에 위협을 느낄 수 있는 사건은 제외할 수 있다.

Q: 재판 진행 과정은?

A: ① 재판장의 사건 호명 및 소송관계인의 출석 확인, ② 배심원과 예비배심원의 선서, ③ 재판장의 배심원과 예비배심원에 대한 최초 설명, ④ 재판장의 피고인에 대한 진술거부권의 고지, ⑤ 검사의 최초 진술, ⑥ 피고인 및 변호인의 최초 진술, ⑦ 재판장의 쟁점 정리 또는 검사, 변호인의 주장 및 입증계획 진술, ⑧ 증거 조사, ⑨ 피고인 신문, ⑩ 검사의 의견 진술, ⑪ 피고인과 변호인의 최종 의견 진술, ⑫ 재판장의 배심원에 대한 최종 설명, ⑬ 배심원의 평의·평결, ⑭ 양형에 관한 토의, ⑮ 판결 선고의 순서로 진행된다.

■ 이 책을 읽고 난 후, 당신의 생각은 어떠한가?

우리는 그동안 얼마나 쉽게 권리를 포기했는가. 그러나 일련의 사태를 함께 겪어나가면서 우리는 우리의 힘이 얼마나 큰지 알게 되었다. 민주주의 국가의 주인은 국민이다. 홀로 걸어가는 시민의 발자국으로는 길을 내기 어렵다.

'나와 너'가 모여 '우리'가 되고, 우리는 더 큰 '함께'를 만들어 변화를 시작할 수 있다. 국민이 함께 걸어가는 걸음은 역사가 되고 전통이 되고, 법이 되어 후세들이 걸어가는 '길'이 된다.

권력은 국민에게서 나와야 한다. 더 나은 세상에서 살고 싶다면 비판만 할 것이 아니라, 내게 주어진 정당한 권리를 찾아내어 지켜내야 한다. 정의가 상식인 나라에서 잘못된 법과 잘못 집행된 법은 고치면서 자유와 권리를 지키자.

그들 때문에 나라가 이렇게 되었다.

그들은 절대로 바뀌지 않는다.

결국 아무것도 변하지 않을 것이다.

정권이 바뀌어도 그게 그거다.

국민의 의견이 무시당하는 게 싫다.

권력에 순응하며 살기 싫다.

나는 이제 법과 정치의 관계에 대해

알게 되었다.

이제 더 이상 속고 당하지만은 않을 것이다.

나는 적극적으로 변화에 참여할 것이다.

국민의 힘으로 정권을 바꾸는 나라는 한국이 유일하다.

나의 한 표는 작지만 모이면 개혁할 수 있다.

국민의 바람에 따라 헌법이 개정될 것이다.

우리의 힘이 모여 바꿀 수 있다.

스스로 권력의 주인이 되자.

참고문헌

《시사IN》, 〈최순실이 끌어주고 박근혜는 밀어주고〉, 2017.03.20.
《시사IN》, 〈법정에 선 법관들 별다를 게 없네?〉, 2019.06.11.
《매일경제》, 〈국민공분에 춤췄나…檢은 휘몰이 수사, 法은 오락가락 판결〉, 2019.05.27.
《머니투데이》, 〈나는 대한민국 헌법이다〉, 2019.07.17.
《시사IN》, 〈최순실이 끌어주고 박근혜는 밀어주고〉, 2017.03.20.
《충청타임즈》, 〈대한민국 청렴 1번지〉, 2018.12.26.
《청와대 국민청원》, 〈국회의원도 국민이 직접 소환할 수 있어야 합니다〉, 2019.05.24.
《한겨레》, 〈세월호 참사 국가배상 첫 판결〉, 2018.07.19.
김욱, 《검사내전》, 부키, 2018
김욱, 《법을 보는 법》, 개마고원, 2009
김인희, 《사법개혁을 생각한다》, 뿌리와 이파리, 2018
김용국, 《판결 vs 판결》, 개마고원, 2015
김원영, 《실격당한 자들을 위한 변론》, 사계절, 2018
김요한, 김정필, 《대한민국 부당거래》, 지식의숲, 2019.
박영규, 류여해, 《당신을 위한 법은 없다》, 꿈결, 2012
신민영, 《왜 나는 그들을 변호하는가》, 한겨레, 2016
에릭 리우, 《시민 권력》, 저스트북스, 2017
이원재, 《이상한 나라의 정치학》, 한겨레출판, 2013
양삼승, 《권력, 정의, 판사》, 까치, 2017
알비 삭스, 《블루 드레스》, 일월서각, 2012
아리스토텔레스, 《수사학》, 숲, 2017
장준환, 《변호사들》, 한스컨텐츠, 2017
조지프 스티글리츠, 《불평등의 대가》, 열린책들, 2013
참여연대 사법감시센터, 《현재의 판결, 판결의 현재》, 북콤마, 2019
최강욱, 김의겸 외 3명, 《권력과 검찰》, 창비, 2017
최승필, 《법의 지도》, 헤이북스, 2016
홍명진, 《안녕하십니까? 민주주의》, 더난출판, 2017

삶을 업그레이드하는 더 나은 삶 　모아북스의 정치 · 경제 · 인문 도서

공소시효
강해인 지음
216쪽 | 15,000원

정치적 상상력
맹진영 지음
248쪽 | 15,000원

모자씌우기 1, 2
오동선 지음
각 452쪽 | 13,000원　431쪽 | 13,000원

동맹의 그늘
오동선 지음
544쪽 | 15,000원

4차 산업혁명의 패러다임
장성철 지음
248쪽 ǀ 15,000원

백년기업 성장의 비결
문승렬 · 장제훈 지음
268쪽 ǀ 15,000원

독한 시간
최보기 지음
244쪽 ǀ 13,800원

독서로 말하라
노충덕 지음
240쪽 ǀ 14,000원

책속의 향기가 운명을 바꾼다
다이애나 홍 지음
257쪽 | 12,000원

**베스트 셀러 절대로
읽지 마라**
김욱 지음
288쪽 | 13,500원

공부유감
이창순 지음
252쪽 | 14,000원

달콤한 제안
김광태 지음
300쪽 | 15,000원

법정에 선 법관들
유죄 vs 무죄

초판 1쇄 인쇄 2019년 11월 12일
      1쇄 발행 2019년 11월 20일

지은이   곽동진
발행인   이용길
발행처   모아북스
            MOABOOKS

관리   양성인
디자인   이룸

출판등록번호 제 10-1857호
등록일자   1999. 11. 15
등록된 곳   경기도 고양시 일산동구 호수로(백석동) 358-25 동문타워 2차 519호
대표 전화   0505-627-9784
팩스   031-902-5236
홈페이지   www.moabooks.com
이메일   moabooks@hanmail.net
ISBN   979-11-5849-118-5 03340

이 도서의 국립중앙도서관 출판예정도서목록(CIP)은 서지정보유통지원시스템 홈페이지(http://seoji.nl.go.kr)와 국가자료공동목록시스템(http://www.nl.go.kr/kolisnet)에서 이용하실 수 있습니다. (CIP제어번호 : CIP2019044357)

모아북스 는 독자 여러분의 다양한 원고를 기다리고 있습니다.
MOABOOKS
(보내실 곳 : moabooks@hanmail.net)